仕事もココロも楽になる!

# 公務員の超整理術

本山 毅［著］

ぎょうせい

# はじめに

「なかなか定時には帰れない」、「気が付くと、いつも考え込んでいる」――このように考える自治体職員は、意外に多いのではないでしょうか。

働き方改革が叫ばれてから、ずいぶん時間が経ちますが、「以前より楽になった」と感じている職員は増えたでしょうか。残念ながら、自治体を取り巻く状況を考えると、首をかしげたくなります。毎年、自治体の業務量は増えていますが、一方で職員数が増えないので、一人当たりの業務量は増えています。

また、プライベートでも、結婚、お金、出世、親の介護など、様々な場面が目の前に現れて、そのたびに判断することが求められます。やっと一日の仕事が終わったのに、アフターファイブにも頭を悩ませなくてはならないのです。

以前は、私も同じような状況でした。長時間の残業、土日出勤などで仕事に追われ、プライベートでも、健康、お金、住居などの問題を抱え、たまに仕事のない土日は、ただひたすら家にこもっていました。そして、月曜日には重い足取りで職場へ向かっていったのです。

「このままでは、ダメだ」と思い、公私ともに生活を見直すことにしました。そこで、周囲にいる、できる職員を観察しました。「自分より業務量が多いのに、なぜ先輩は残業せずに帰れるのか」、「子どもや親の面倒も見なければならないのに、どうして毎日すがすがしいのか」などを学んでいきました。そのポイントが、正に「整理術」だったのです。公私ともに、自らに課せられた宿題をてきぱきと効率よくこなしていくことができる「整理術」を身に付けていたことがわかり、自分自身も少しずつ実践していったのです。その結果、効率よく仕事ができ、プライベートも充実させることができるようになりました。

その具体的な方法をまとめたのが本書ですが、ポイントは次のとおりです。

第一に、業務を効率的に行うための具体的な方法を解説したことです。仕事術に関する本は数多く出版されていますが、自治体職員ならではのポイントを踏まえたものはあまりありません。このため、明日からでも職場で活用できるよう具体的な方法に触れています。

第二に、自治体職員のプライベートの悩みについて言及していることです。結婚、昇任、お金など、やはり職員ならではの悩みは数多くあります。これまで数多くの良い例・悪い例を見てきましたので、同じ自治体職員という視点から説明したいと思います。

第三に、皆さんの参考となるような具体例や書籍などを示していることです。広く市販されているビジネス書などでは、どうしても著者本人の意見に偏りがちなのですが、できるだけ実際の事例や書籍も紹介し、皆さんの参考となるように心がけました。

自治体職員向けの書籍で、公私両面について解説するということは、かなり珍しいと思います。しかし、裏を返せば、自治体職員が直面する様々な問題を一冊にまとめているとも言えます。このため、どこからお読みになっても、きっと身近なこととして、関心を持っていただけるはずです。何か参考になる部分があれば、是非、行動に移してみてください。

新型コロナウイルス感染症の影響で、改めて自治体職員の働き方や役割が注目されるようになりました。かつてない状況に遭遇しても、自治体職員として柔軟に対応していくことが求められています。そのような時に、きっとこの整理術は活用できると思います。

最後になりますが、本書が少しでも皆さんのお役に立つことができれば、著者としてこれほどうれしいことはありません。

令和2年8月

本山　毅

# 目次

## 第2章　仕事が驚くほどはかどる「業務の整理術」

目次

目次

# 第1章

# こんな悩みは整理術で解決できる！

いつも業務が滞る
書類の山に埋もれている
人間関係にまいっている
残業が減らない
心配事が頭から離れない

# 1 仕事もココロも楽になる整理術のポイント

## 整理術とは

皆さんは、「残業を減らしたい」、「もっとスムーズに業務を進めたい」と思ったことはないでしょうか。現在、自治体の業務量は増えています。しかし、職員数は増えておらず、職員一人当たりの負担は増え続けているのが実態です。このため残業をせずに業務を処理するためには、職員一人ひとりがパフォーマンスを上げるための取組みが、どうしても必要になります。そこで、ご紹介したいのが整理術です。

整理術というと、机や引き出し、書類のファイリング、パソコンなど、どちらかというと目に見えるものだけを指しがちですが、**本書の整理術では、目に見える実物だけでなく、人間関係やプライベートなど思考に関するものも含めた、物心両面を対象としています。**

つまり、皆さんを悩ませるものの多くを対象としています。

この整理術を身に付けて、悩みを減らし、公私ともに充実した時間を送っていただきたいのです。

## 整理術の特徴

整理術の具体的な特徴は、次のとおりです。

**第一に、皆さんの負担が確実に減ること**です。業務のことでも、プライベートのことでも、問題が放置されたままでは、いつまで経っても問題は解決しません。反対に、事態が悪化し、さらに問題がより深刻になってしまうこともあります。これでは、悩みは深くなり、皆さんの負担は増えるばかりです。

そこで、これまで私が教わってきた先輩や同僚からの知恵や、実際に経験してタメになったことをご紹介したいと思います。皆さんが現在抱えている問題に対して、それらが必ず解決につながるとは断言できませんが、何かしらのヒントになると思います。

**第二に、効率化が図られて、時間の余裕ができること**です。整理術で業務を効率化することができます。例えば、今まで1日かかっていた業務を半日で終了することができれば、残り半日を別な業務に割り当てることができます。その業務も効率化できれば、さらに時間に余裕ができることになります。こうなると、「仕事をやらされている」という意識から脱却して、「主体的に仕事を回している」状態になります。

時間に余裕ができれば、業務の質も上がってきます。これまでよりも時間に余裕がありますから、じっくりと仕事に取り組むことができ、十分に準備することも可能となります。このように、整理術で時間に余裕ができ、仕事の成果も高まれば、好循環が生まれますので、自分にとっても職場にとってもいいことづくめです。

**第三に、自分の成長を実感できること**です。「やらされている仕事」と、「自ら進んで仕事をする」のとでは、職場に同じ時間いても、そのやりがいは天と地ほどに違います。「やらされている仕事」では、何かを工夫しようとも思いませんし、一刻も早く職場から去りたいという気持ちになってしまいます。

しかし、「自ら進んで仕事をする」ようになると、実際に仕事が楽しくなります。創意工夫を凝らして業務改善することもできますし、自分から新規事業を提案することも可能となります。こうした境地になれば、これまでとは全く別の景色が見えてきます。

## 公私ともに充実した時間を

皆さんにこうした整理術をお伝えするのは、公私ともに充実した時間を送ってほしいという思いからです。

私がこのような文章を書くのは、何も私が立派な職員だからではありません。反対に、私自身が長時間残業の職場に苦しめられ、困った人たちとの関係で悩んできた一人だからです。いろいろな人と衝突もしてきました。

そのために、多くの先輩に相談したり、本を読んだりしてきました。そうした中で体得したのが、この整理術です。その結果、どうにかこうにか30年以上も業務を続けられ、現在、ある自治体で管理職ができているのです。

様々な回り道をしてきたからこそ、皆さんには時間をムダにせず、ショートカットで悩みを減らすための整理術を知ってもらいたいのです。そして、公私ともに充実した時間を送っていただきたいのです。

では、整理術で解決できる具体的な課題を見ていきましょう。

# 2 残業が減らない

## 残業が減らず、帰りづらい職場

「働き方改革」が進んだとはいえ、依然として残業が減らない職場があります。そもそも職員数が増えない、もしくは減っているにもかかわらず、業務量は増えています。

地方分権の進展、様々な制度改正、また住民からの問い合わせやクレームなど、自治体の業務は以前と比べ、確実に増えています。皆さん自身の経験からも、例えば5年前と比べて業務量が減ったと感じる方は、ほとんどいないのではないでしょうか。

その一方で、職員数は増えていません。これは全国的な人手不足というのもありますが、そもそも自治体の職員数が増えれば人件費増になりますので、住民の厳しい目がある中、どこの自治体もなかなか職員数を増やすことはできないのです。

例えば、職場で産休や育休など、長期の休みに入る職員が出ても、きちんと正規の常勤職員が補充されることは稀です。会計年度任用職員がくればよい方で、何の補充もなく、残った職員だけで対応しなければならない、という職場もあります。これでは、残業は減るどころか増えてしまいます。**業務量が増加しているにもかかわらず、職員数が増えなければ一人当たりの負担が大きくなるのは当然です。**

職場がこのような状態になると、慢性的な残業がそれぞれの職場で発生してしまいます。誰もが定時になっても帰れません。そうした職場では、自然と「定時に帰りづらい雰囲気」ができあがってしまいます。当然、上司も残っていますから、部下が「では、お先に失礼します」とは言いづらいので、部下も残業となります。結果として職場全体で残業ということになってしまいます。

また、そうした残業する職員を評価する上司もいます。「業務は効率的に行って、みんな定時で帰ろう」と口では言いながら、上司本人が進んで残業している。しかも、自分と同じように残業をしている職員を評価している。直接そのような発言はないものの、何となくそうした雰囲気を醸し出している。上司よりも先に帰ろうとすると、あまりいい顔をしないといった上司は確かにいます。このような上司の下では、誰もが上司の顔色を窺って、残業するようになります。

## 整理術で残業を減らそう

皆さんの職場は、このような状況になっていないでしょうか。これまで述べた職場の状況は少し極端な例かもしれませんが、多かれ少なかれこうした雰囲気がないでしょうか。さて、そんな時、皆さんはどう対応するでしょうか。「そんな上司の下では、何を言っても変わらないから、じっと異動を待とう」と考える人もいるでしょう。その気持ちも、確かにわかります。何か行動して、上司ににらまれたり、職場で浮いたりするのは避けたいところです。でも、そうするとこれから異動までの間、職場の状況は変わりません。また、異動先の職場が同じような状況だったら、どうでしょうか。きっと「この職場も、同じなのか」と肩を落としてしまうはずです。結論から言えば、誰かが行動を起こさないと、何も変わることはありません。

実は、私自身も20年前の主任時代に、長時間残業が当然の職場にいました。「働き方改革」どころか「残業する職員は偉い」とされていた旧態依然とした職場でした。ただ、冷静になって考えると、その長時間労働が成果や実績に本当に結びついているのか、もしくはそこまで残業しなくても、やり方によってはもっと早く仕事を終えることができるのでは、と思うことも少なくありませんでした。

そこから、様々な書籍を読んだり、理解ある係長に助けられたりして、残業ゼロを達成することができました。もちろん、相変わらず長時間残業している職員はいましたが、私は気にせず帰ることができる環境を作れたのです。

この時に痛感したのが、整理術の必要性です。「どうしたら業務を効率的に終わらせることができるか」を追求していった結果、業務を整理すればよいことがわかったのです。もちろん、周囲の人に理解してもらったり、協力を得られたりしたことも大きく影響しています。ただ、いずれにしても、**何も行動しなかったら、何も変わらなかったのは事実です。**また、整理術に基づいて業務を行えば、どこの職場に行っても残業を減らすことが可能となるのです。

残業をせず、勤務時間内に業務を終わらせるためには、担当業務だけでなく、上司や同僚への働きかけや、処理速度を高めるための資料の整理なども必要になってきます。これらを2章以下で具体的に説明していきます。

# 3 いつも業務が滞る

## 目の前の業務がスムーズに進まない

皆さんの経験でも、業務が円滑に進まないことは、よくあるのではないでしょうか。これはなぜでしょう?

まず、そもそも担当する業務が多くて処理しきれないということがあります。処理すべき業務は、次から次へとやってきます。上司からの指示、他部署や関係機関からの照会、住民からの問い合わせなど、やるべきことは山積しています。しかも、それぞれに締切りがありますから、とにかく締切日の早いものから処理せざるを得ず、いつも業務に急かされているという職員も少なくありません。

そうしたギリギリの状況で業務を行っていると、仕事の完成度に疑問が生じることもあります。**職員の中には「こんな多くの業務の中で処理しているのだから、どうしようもない」と考えている人もいるようですが、本当にそれでよいのでしょうか。**

また、「もう少し事前に準備していれば、円滑に業務が進むはずなのに」と思うようなこともあります。例えば、複数の部署が集まって業務の役割分担を決めたり、何か物事を決定したりすることがあります。このような時に、会議当日に資料を配付し、いきなり「どうしましょうか」と言われても、会議出席者がその場で判断できるかはわかりません。「今日のところは、いったん持ち帰って、それぞれの職場で検討しましょう。そして、もう一度集まりましょう」となると、もう一度、会議の設定をしなければなりません。しかし、もし担当者が気を利かせて、会議の内容を事前に出席者に説明していれば、２回目の会議を実施しなくても済んだかもしれません。

## 上司が判断してくれない

自分が早目に業務を行ったとしても、その先で滞ってしまうことがあります。例えば、上司がなかなか判断してくれないことがあります。こちらとしては、期日までに資料を提出しているのに、課長や部長がいつまで経っても判断を先送りして、決定しない。これでは、業務は先に進みません。他部署の担当者が判断してくれないこともあります。**起案文書であれば、決裁が1日遅れれば、その先の決裁権者に文書が行くのも遅れますから、全体として業務が遅れることになります。**

また、判断が先送りされるため、結局は締切りギリギリになってドタバタで物事が決まることになります。これでは、仕事の成果に疑問が出てもおかしくありません。このような上司は、皆さんの周りにいないでしょうか。

さらに、個人の問題でなく、組織として問題があることもあります。例えば、特定の職員に業務が偏っていたり、抱え込んでいたりするケースです。これは、そもそも事務分掌に偏りがある、たまたま業務が増えてしまった、その職員が他の職員に協力を求めることができない、などいくつかの理由が考えられます。

ただ、いずれにしてもチームとして、または組織として円滑に機能しているとは言いがたい状況です。1人で10の業務をやるよりは、2人で5の業務を行った方が、一人当たりの負担は軽くなりますし、組織全体として成果を高めることができるはずです。

## 円滑に業務を進めたい

このように考えると、円滑に業務を進めるには、個人の問題もありますが、他者や他部署への働きかけ、また自分の属する組織の問題もあるようです。もちろん、まずは自分の担当する業務を円滑に進めることが第一です。しかし、自分一人でできることには限界がありますので、その効果は限られます。

特に係長や主任クラスになると、当然ながら新人職員とは異なります。自分のことだけでなく、係単位、課単位で考える視野を持たなければなりません。まずは、**できる限り担当業務の効率化を進めた上で、係単位・課単位での業務の効率化が求められます。**つまり、個人と組織の両面でのスキルアップが必要となりますが、これについては2章の「業務の整理術」で説明していきます。

効率化して業務を進めていくことができれば、業務に追われるのでなく、自ら業務を改善・工夫することが可能となってきます。仕事の質も高まりますので、主体的に業務を行えるようになります。

## 4 書類の山に埋もれている

### 机の周りが書類で山積み

もうずいぶん前からペーパレスが叫ばれていますが、皆さんは書類をきちんと整理できているでしょうか。

これまでも述べたように、業務は次から次へとやってきます。業務は、書類を伴うのが常です。もちろん、メールで照会に答える、人に会って説明するということもありますが、その場合でも書類が全く必要ないということは稀です。

考えてみれば、私たちの業務は起案や資料の作成など、書類とは切っても切れない関係にあります。それは、つまり他の部署からも多くの書類がやってくることを意味しますので、何も整理しなければ自然と書類が増えていくことになります。

毎日、多くの職員が、大量の書類と格闘しています。例えば、会議の資料です。係会、課長会、部長会と同じ資料を会議のために何回もコピーすることは少なくありません。また、様々な行政計画や統計データなどは、本1冊分程度の分量がありながら、素案、案など、形を変えて何度もコピーし、多くの上司や議員に配付されます。しかし、最終的にはリサイクルに回されていくのが実態です。

**書類を整理しないと、業務にも影響が出てきます。**自分の机の上や周りが書類で山積みになっていると、その書類を探すだけで時間がかかってしまいます。それだけでも大変な時間のロスです。仮に見つかっても1回で処理できず、また山積みの中に書類が置かれ、再度それを探すというような事態になれば、さらに時間は経過してしまいます。大幅な時間の損失となるのです。

## 廊下に書類が放置されている職場

私が知っているある職場では、キャビネットに入りきらず、職員が歩く廊下にまで書類が山積みになっています。

職員は「執務スペースが狭い上に、保管すべき文書がたくさんあるので、どうしようもない」と嘆きます。住民が来ない場所なので、外からは見えませんが、これは適切な執務環境とは言えません。ひどい場合には、避難はしごの周辺にも書類が山積みされていることもあります。もし火事が起こったら、本当に職員は避難できるのか、誰しも一度は考えることでしょう。

また、係や課には共有キャビネットがあります。しかし、共有キャビネットだけでは入りきらないこともあります。

そのため、**キャビネットに収納されているのは、過去の古文書のような文書で、最近の書類は職員一人ひとりが所持しているため、かえって書類の量が増えてしまっている**という、笑うに笑えない状況もあったりします。

さらに、最近では、係単位・課単位で職員が共有できるフォルダをパソコン内に設置して、資料を共有していることも少なくありません。これは書類削減に一定の効果があるのですが、一方でフォルダの配列がバラバラで整理されていない、電子ファイルに残す基準が一定になっていないため結局は紙で資料を持っているなどの問題も生じています。こうなると共有フォルダが有効に活用されているとは言い難い状況です。

## 書類は整理して保存、すぐに取り出せるように

書類に振り回されたくない、と誰もが思っているはずです。できるならば、常にきちんと書類が整理されて保存されており、必要な時にすぐに取り出せることが理想です。そのためには、書類を整理するための工夫が必要となります。どのように資料を配置したら、すぐに取り出せて、すぐにしまう体制ができるか。また、日々増えてしまう資料を増やさずに、資料の総量をいかに一定に保つか、なども考える必要があります。また、職場の共有キャビネット、パソコンのフォルダやファイルについても改善できることがあるはずです。

そもそも考えてみれば、**書類のせいで作業に時間をかけてしまうのは、無駄に時間を浪費していることと同じです。**つまり、書類のせいで残業が増えたり、業務が滞ったりしているとも言えるのです。こんな状態からは、できるだけ早く脱却したいものです。

そもそも保存する書類と廃棄すべき書類との違いは何か、個人でなく組織として保存すべき書類とは何か、保存書類はどのように整理すべきなのか。これらの問題は、3章の「書類・パソコンの整理術」で見ていきます。

## 5 人間関係にまいっている

### 困った上司

人間関係で悩まない人は、いないはずです。個人的な経験を振り返っても、**これまで多くの人たちに悩まされてきました。その筆頭は、やはり上司です。**

例えば、「上に従順、下に命令」タイプの上司。上から言われたことを、ただ部下に命令するだけで、自分では判断せず、何も考えない上司。こうなると、ただ上に言われたことを部下に伝えるだけですので、とにかく一方的です。「ここは、このようにした方がよいのではありませんか」と提案しても、「いや、○○がこう言ったのだから、そうしてくれ」と全く受け付けません。

何か失敗したら、部下に責任をなすりつけます。自分では何も考えていませんから、言われたことができない部下が悪い、というのが理屈です。全くひどい話です。自分では何ら責任を取りませんから、無責任タイプとも呼べるかもしれません。

始末が悪いのは、こうした上司を、その上の上司が評価している場合です。その上司から見れば、自分に従順なので使い勝手がよいのでしょうが、部下から見れば、本当に困ります。

また、「とにかく俺に従え」タイプも困る上司の典型です。上司という立場から、何でも一方的に命令してくるタイプです。さすがに、パワハラが叫ばれる中、露骨なことはしないのですが、それでも「とにかく俺に従え」と、仕事をどんどん押し付けてくるのです。

こうしたタイプが上司の場合、最初は部下も「このようにしたら、いかがでしょうか」と提案していたとしても、結局、お山の大将である上司にはねつけられますから、だんだんと上司に物を言わなくなります。そうすると、ただ上司の言われたことをそのままやるだけの無気力な職場が誕生し、職員のモチベーションは下がる一方です。

## 面倒な同僚

**面倒な同僚も、多数存在します。**

例えば、周囲とコミュニケーションが取れない人。自分の与えられた業務に取り組むのはいいのですが、周囲の職員と連携ができないのです。このため、「今、どの程度の業務が終わっているのか」などを伝えてくれないので、進捗状況が全くわかりません。挨拶ができず、朝はいつの間にか席に座り、夕には人知れずいなくなっている幽霊のような職員もいます。

コミュニケーションが取れないために、締切りギリギリになって「仕事が終わりそうにない」と、急に周囲に助けを求めてきたりします。正に「今さら？」で、周囲の職員全員が、「だったら、もっと早く言えよ！」という言葉を飲み込みます。

また、いちいちもったいぶる、文字通り面倒くさい人もいます。「それについては、俺はちょっと違うと思うな」などと、妙な特別感を自ら醸し出します。つまり、自分は人とは違うと言わんばかりの雰囲気を出すのですが、突き詰めると何も中身がないことがほとんどです。

しかし、正面からそれを指摘すると、本人がすねてしまい、余計に物事が進まなくなります。このため、仕方なく周囲の職員は腫れ物に触るように、上手にその人をあしらうようになっていくのです。

## 人間関係で悩みたくない

この他にも、困った職員はたくさんいますが、あとは残念ながら割愛させていただきます。考えてみれば、私たちは人間関係で悩まなかったことなど、たぶん一度もないはずです。しかし、誰しも「人間関係で悩みたくない」というのが本音です。「あの上司さえいなければ」と、厄介な人物が自分の目の前からいなくなることをつい願ってしまいますが、実際にはそれはできません。また、仮に幸運にもそうなったとしても、いずれ別な場面で別の困った人にめぐり合うことになってしまいます。

**「誰とでも仲良く」なんてできません。**しかし、あくまで職場ですから、嫌いな人でも避けて通るわけにはいきません。どうしても、業務を処理して、一定の成果を残す必要があります。

では、苦手な人たちにどのように対応していったらよいのでしょうか。また、どうしたら人間関係に悩まずに、気持ちよく働けるのでしょうか。この問題については、4章の「人間関係の整理術」で考えていきたいと思います。

# 6 心配事が頭から離れない

## 根深い出世の問題

私たちを悩ますものは、職場に限ったことではありません。

例えば、出世です。**出世というと生々しいかもしれませんが、言い換えれば、今後、役所の中でどう生きていくかということです。**「別に、自分は出世なんて考えない。このままのポスト（階層）でかまわない」という人がいます。しかし、本当にそれで大丈夫でしょうか。

まだ若いうちは、同期の職員ともあまり差はありません。しかし、だんだんと年を重ねていくと、早く課長に昇任したり、なかなか係長になれなかったり、と同期でも違いが現れてきます。場合によっては、同期や後輩が自分の上司になって、いろいろと指示される場面が出てくるかもしれません。それでも、「自分はこのままでよい」と言っていられるでしょうか。

私の知っている職員の話ですが、仮にその職員をAとしましょう。面倒見のいいAは、毎年、係の新人に懇切丁寧に教え、後輩からの評判も悪くない人でした。職員BもそんなAの後輩の一人でした。

しかし、それから十数年が経過し、Bは課長に昇任することになりました。それを知ったAは、「あいつに指示されるなんて、嫌だ」と痛切に感じたそうです。このため、自分も課長になるべく、これまでの行動を変えていきました。周囲もその変貌ぶりに驚いていました。そして、実際にAも課長になったのです。

ただし、現在、Aの直属の部長がBになったというオチまでつきましたが……。

ちなみに、出世は生涯年収に連動します。職位によって給与が異なることは、皆さんもご存じかと思いますが、これは退職金、年金にも影響しますので、定年退職後の生活をどうするのかという問題にも関わってきます。公務員に限らず、今後の日本の中で生き抜いていくのは大変です。少子高齢化で、多くの高齢者がいるものの、それを支える生産年齢人口は減少していきます。このため、社会保険料や税などの負担は今後も増え続けますので、これまでのように年金生活で悠々自適というわけにはいきません。高齢者になっても働き、引き続き税や社会保険料の負担をすることが求められているのです。

ちなみに、私が属する自治体で実施した職員アンケートでは、「昇任したい」と答えた職員は全体の半数で、そのうち昇任したい理由を「より多くの収入を得たいから」と答えた人はその半数となっています。つまり、職員の25％は「収入のため出世したい」と言っているわけです。この数値をどのようにとらえるかは意見の分かれるところですが、「お金のために出世する」というのも、生活防衛の一手段なのかもしれません。

また、出世以外にも課題があります。例えば、結婚も人生の選択肢の1つです。もちろん、結婚が良い、悪いということでなく、今後の人生に大きな影響を与えることは間違いありません。

現在では、職場の周りを見渡しても、結婚しない職員が増えました。価値観の多様化、金銭的課題など、結婚しない理由は、公務員に限らず様々な分析がされています。これも選択肢の1つと考えれば、今後も一人で生きていく、子どもをつくらないという選択肢を選んで生きるということになります。

さらに、年齢を重ねていけば、親の介護、子どもの教育など、私たちを悩ますことは職場以外のことでも数多くあります。

## プライベートも整理する

このように考えると、**職場だけでなくプライベートにも、何かしらの対応を考える必要があります。**もちろん、出世も、お金も、結婚も、各人の人生観に大きく関係しますから、唯一絶対の正解はありません。ただ、何もしなければ、問題は放置されたままですから、何ら前進しません。このため、これら公務員に共通のプライベートの問題を自分なりに解決するヒントをご紹介したいと思います。

こうしたプライベートの問題も、今に始まったことでなく、過去からずっと誰もが経験してきた課題です。私が見てきた数多くの実例の中で、役立ちそうなものをお伝えしたいと思っています。解決の特効薬はありませんが、自分がどのような選択をするのかを考えておくことは、今後のためには決して無駄ではありません。そのためには、プライベートにも整理術が必要だと思っています。

これについては、5章の「プライベートの整理術」で考えていきますが、公私ともに問題を解決する「ココロの整理術」については、6章で整理します。

コラム

## 人の性格は引継ぎでわかる？

これまで10か所以上の職場を経験してきました。福祉、教育、防災など住民と直に接する機会の多い職場から、企画、財政、人事といった内部管理部門まで、本当に様々でした。そうした数多くの職場を経験してきて、強く感じたことがあります。それは「人の性格は、異動の引継ぎでわかる」ということです。

例えば、皆さんにもこんな経験がないでしょうか。前任者から引継ぎを受けたものの、大事な課題は放置されたままとか、書類が整理されておらず段ボールの山を渡されるなど。大事な住民対応なのに、その宿題をほったらかし。「これ、本当は急ぎで対応しなくちゃいけないんだけど、時間がなくて。悪いけど、あとお願いね」と涼しい顔で引継ぎを行う人。整理整頓されないまま、書類をただただ段ボールに詰め込むだけで、平気でそれを押し付けてくる職員。

こうした引継ぎを受けると、静かに相手の首に両手がいきそうになります（笑)。本当に、こんな時は我が身の不幸を嘆くしかありません。しかし、こんな経験を重ねたことで、その人の仕事ぶりは引継ぎに如実に反映されるのだなあと悟りました。

皆さんの周りにも、こんな常習犯はいませんか？

# 第2章

# 仕事が驚くほど はかどる 「業務の整理術」

# 1 やるべき業務、やらなくてよい業務

## 限りある時間を意識していますか?

「残業が減らない」、「いつまで経っても、仕事が終わらない」と嘆く人はたくさんいます。現在の職場を見ても、定時になってもすぐに帰らない職員が多くいます。ただ、管理職の立場から各人の執務の様子を見ていると、疑問に感じることも少なくありません。それは、「時間を意識して、業務を行っているだろうか」ということです。

例えば、日中に他の職員とのおしゃべりに夢中になっている人。確かに、周囲の係員とコミュニケーションを取ることは大事なのですが、ダラダラと話し続けていては、作業が中断してしまいます。業務上の重要な話も当然あるのですが、他の職員の噂話だったり、単なる芸能界のゴシップだったりすると、「今、その話をする必要あるのかな」、「その時

間があれば、片づけられる仕事があるのでは」と思ってしまいます。

また、目の前の仕事だけに没頭して、周囲が見えていない職員もいます。与えられた仕事を、ただ黙々と処理する。その姿勢は理解できるのですが、その仕事の先が見えていないのです。例えば、課長から資料の作成を命じられれば、当然、課長はその資料を使って議員に説明するとか、部長との検討資料にするなど、何らかの目的があるわけです。それならば、「いつまでに完成すればよいのか」を確認しなければなりません。しかし、そうした締切りを意識しない職員も多いのです。

いずれの場合も、**時間を意識して仕事をしていない、もしくは、何の仕事にどれだけの時間を使っているのか認識していないのです。**時間を意識せず、ただ与えられた業務をこなしている。これでは、勤務時間中に業務を終了することはできません。

皆さんは、一日の仕事を終えた時、何の仕事に何時間使ったかを意識することがあるでしょうか。この振り返りがないと、時間に対する意識が鈍くなり、結果として無駄に時間を消費することになってしまいます。「残業をなくすためには、どのように業務を進めていったらよいのか」、「限りある時間をどのように活用したら、効率よく業務ができるか」を考えなければ、ただ業務は増える一方になってしまいます。

## その業務は、今やるべきことですか？

次に、皆さんに考えてほしいのは、**「その業務は、今やるべきことですか？」**ということです。例えば、今すぐ必要ではない業務なのに、それを漫然と行っていることはないでしょうか。業務上の事件事故が発生した緊急事態で、周囲の職員はその対応であたふたしているのに、一人平然と定例の業務を行っていたら、当然のことながら周囲から「それをやってる場合じゃないだろう！」と言われてしまいます。

また、課長から新しい事業の検討を依頼されたとします。しかし、事業の目的や費用はもちろんのこと、メリット・デメリット、類似制度との比較検討など、かなり大変な作業になるので、ついつい後回しにしてしまう。そして、処理が簡単な定例の業務ばかりに時間を費やしてしまう。この場合でも、「それをやってる場合じゃないだろう！」となるわけです。

場合によっては、定例業務は他の職員に依頼して、十分な時間をかけて新制度について検討しなければなりません。確かに、明日、明後日の差し迫った状況ではないかもしれませんが、それだけ時間を要する業務ですから、早目早目に着手する必要があります。そして、まだ検討が十分でなくても、途中経過を課長に報告し、課長から意見をもらった方が、早く新制度の案ができるかもしれません。

つまり、締切りまでに余裕があっても、先を見越して時間を十分かけて業務に着手する。それが、業務終了のゴールに近づくために「今やるべき業務」のはずです。

## 時間を有効に使う

このように考えると、**「今やるべき業務、やらなくてよい業務をきちんと認識していることが大事」**と言えると思います。つまり、いずれにしても時間を有効に使っているわけです。「残業を減らしたい」と思うならば、まずは「時間を有効に使っているか」を自らに問い、そして「今やるべき業務」を行うことが必要となります。

時間を意識せずに、漫然と業務を行っていれば、残念ながら時間は空しく過ぎてしまいます。1日24時間は、誰でも共通です。与えられたものは一緒なのですから、あとはこれをいかに有効に使うかです。これは、単に職場だけでなく、プライベートにおいても言えることかもしれませんが……。

# 2 緊急性と重要性で業務を分類する

## 業務は4つに分類できる

漫然と業務を行うのでなく、やるべき時にやるべき業務を行う。この「やるべき時とやるべき業務」を知るためには、緊急性と重要性で業務を分類することが効果的です。

横軸と縦軸のマトリクス図を描いてみてください。横軸は緊急性で、右側が緊急度が高く、左側が緊急度が低いものです。縦軸は重要性で、上側が重要性が高く、下側が重要度が低いものです。

このようにすると、**業務は①緊急度・重要度とも高い、②緊急度は高いが、重要度は低い、③緊急度は低いが、重要度は高い、④緊急度・重要度とも低い、の4つに分類できます。**この4分類で業務を考えてみましょう。

まず、①緊急度・重要度とも高い業務です。例えば、予算要求締切日直前でありながら、要求資料が準備できていないような状況です。この場合、締切日を過ぎてしまうと予算要求できませんので、最優先で着手しなければなりません。

ちなみに、この4分類に該当する業務は、人によって、時期によって、状況によって変わります。このため、予算要求の資料作成がすべて①というわけではありませんので、ご注意ください。あくまで例示です。

次に、②緊急度は高いが、重要度は低い業務です。例えば、職場のコピー用紙の注文などです。大量の印刷のため、コピー用紙の在庫がなくなってしまい、急いで注文する必要があるような場合です。この場合、緊急性は高いのですが、「コピー用紙を注文する」という業務の重要性は高くありません。かといって、コピー用紙がなくては、業務に支障が出ますので、なるべく早く注文して納入される必要があるわけです。

ちなみに、まだコピー用紙の在庫があり、「そろそろ在庫も少なくなってきたし、補充しておくか」という程度ならば、④緊急度・重要度とも低い業務になります。たとえその時は忘れてしまい、後で気が付いた時に注文しても、特に問題ないからです。業務の優先度としては最も低くなります。

## 緊急度は低いが、重要度の高い業務にこそ注意

**仕事の優先順位を考える際に注意しなければならないのは、③緊急度は低いが、重要度の高い業務です。**例えば、課長から「来月、〇〇市の議員が行政視察にきて、本市の△△事業について説明することになった。準備をしておいてくれ」と依頼されたとします。「まだ、来月だから時間はあるな」と考えてしまうかもしれません。しかし、会場の予約、資料の作成はもちろんですが、場合によっては相手先の議会事務局に確認して、市内視察の準備、昼食場所の確保などが必要かも、確認しなければなりません。

昼食にしても、「是非、名物の〇〇にしてほしい」など、新たなオーダーも出てくるかもしれません。このように行政視察の準備といっても、思いもよらない業務が出てくる可能性があります。「行政視察の準備だったら、2、3時間でできるだろう」と思っても、実際にはそうならないことも少なくないのです。このため、早目に着手して、業務全体を洗い出しておく必要があります。

このような業務には、時間のある時に少しずつ着手しておくことが求められます。「面

倒だなあ」と思って後回しにしたり、「直前で十分対応できるだろう」と高をくくっていたりすると、後でにっちもさっちもいかなくなってしまいます。

## 業務をリストアップする

そこでおすすめしたいのは、業務リストの作成です。**自分が行わなければならない業務をリストアップしておき、見える化しておくのです。**こうすれば業務を忘れることはなくなりますし、「いつ、何の業務を行うべきか」を意識するようになります。できれば、先の4分類に従って業務を区分し、それぞれの業務の位置づけを確認しておくとよいでしょう。「意外に、この業務には時間がかかるかもしれないな」と考えたりするからです。

職員によっては、机のわきにリストを張っている人もいます。そして業務が終わったら、1つ1つ消していくのです。これはなかなか快感で、「今日は、これを成し遂げた！」と自分自身の達成感にもつながります。また、そのリストをいつも目にすれば、嫌でも業務の優先順位を意識するようになります。他人に見せるものではないので、簡単なメモでかまいません。是非、試してみてください。

## 3 目的達成のため、最短ルートを選択する

### 無駄な作業をしてませんか

業務の優先順位が決まれば、次に考えることは、**「どのようにしたら、短時間でその業務を終わらせることができるか」**です。

例えば、「この会議の記録を作成しておいて」と会議録の作成を命じられたり、「議会用の想定問答集を作ってくれ」と依頼されたりしたことはないでしょうか。この場合、皆さんはどのように作成しますか。

よくありがちな間違いは、自分で考えて最初から会議録や想定問答集を作成してしまうことです。しかし、これでは時間がかかります。例えば、想定問答集であれば、どのような質問が議員から来るのかわかりません。そもそも議員の視点で考える質問と、執行機関

の職員が考える質問では、視点が違うからです。ここで大きなズレが生じてしまうと、せっかく作っても、全く役に立たない想定問答集になってしまう可能性もあります。

こうした時、**最短ルートは、既存のフォーマットを活用する、もしくは過去の書式に上書きすること**です。会議録であれば、どのような会議であれ、記録すべきことはそれほど変わりません。日時、場所、議題、出席者、決定事項などです。このような会議録は、様々な部署で作成されていますので、そのファイルをコピーして、雛形として活用した方が手っ取り早く作成できます。せっかく活用できる材料があるのですから、積極的に活用しましょう。

想定問答集も同様です。仮に、その職場で初めて想定問答集を作成するとして、やはり最初から想定問答集を作成するのは、かなり大変です。また、想定問答集は、1ページ1テーマの課題別や、一問一答形式などのいくつかの形式が存在しますが、課長の意向などにより異なってきます。このため、庁内の他部署のものをいくつか探して、課長に見せた上で判断してもらった方が、後でやり直しを命じられるのを防げます。

また、そうして集めた想定問答集を読めば、議員視点も理解できます。予算額と決算額、低い執行率の理由、地域に与える影響、地域住民との関係、今後の対応など、事業の内容は異なっても、カバーすべき視点はそうした想定問答集から把握することができます。

もしかしたら、「それでは、自分の頭で考えないから、よくないのでは」と考えてしまう真面目な職員もいるかもしれません。しかし、仕事の成果、作成時間のいずれを考えても、雛形を活用した方がお得ですし、無駄な時間を使わなくて済みます。もし、既存のものを活用した上で、さらに自分なりの工夫を加えることができれば、レベルアップした会議録や想定問答集ができるはずです。

## 問題解決のため、キーパーソンに会う

最短ルートは、書類だけの問題ではなく、人についても言えます。

例えば、課内の3人の係長が集まり、1つの意思決定を行うとします。その際、庶務担当係長以外の2人の係長が全く別な意見を持っていて、このままでは結論を出すことが難しいとします。何もせずにそのまま会議を開催しても、決裂が濃厚です。それならば、事前に会議の事務局である職員がそれぞれの係長に会い、意見を調整しておくのです。もし、あなたが庶務担当係長の下にいる主任であれば、先の両係長に会議前にあたってみるのです。

もちろん、自分の直属の庶務担当係長に「係長、どうしましょうか」と相談することも

あると思います。そこで何かしらの結論が出ればよいのですが、何も結論が出ないのに庶務担当係長と主任が話し合っていても、事態は一向に解決の方向に進みません。ただ、むなしく時間が経過するだけです。まずは、**事態解決のために、キーパーソンに会いに行くのが最短ルート**です。

## 業務の目的や問題点を見抜いた上で、最短ルートを選択する

書類と人の2つの事例を挙げましたが、いずれの場合も、**時間短縮のためには問題解決の最短ルートを選択する**ということです。皆さんは、業務処理のため、最短ルートを選択しているでしょうか。別なルートを通って、無駄に時間を費やしていないでしょうか。

ただし、この最短ルートを選択するには、業務の目的や問題点をきちんと把握していることが前提です。先の例であれば、「課長から依頼された想定問答集を作成する」、「会議を開催し意思決定をするためには、2人の係長の意見調整が必要だ」などです。

反対に言えば、業務の本質・目的を見抜けていないと、最短ルートを選択することができないのです。

# 4 結論から考える要約力

## まず結論を述べる

ある職場で、係長が課長の机の前に立ちました。「先日、監査がありまして、昨年度の児童手当の支給人数と支給額が違うとの指摘がありました。このため、担当者にもう一度確認させました。そうしたところ、6月支給分は間違っていなかったのですが、10月支給分から間違っていました。2月支給分については……」と話し始めたのですが、これを聞いて皆さんはどのように感じるでしょうか。

多くの方は、「話が長い」、「結局、この係長は何が言いたいのか」と思うのではないでしょうか。正にそのとおりです。これまでの経過ばかり説明していて、結局、何を課長に言いたいのかが明確ではありません。先に結論を言わないために、聞いている課長はいつまで経っても話の主旨がわからないのです。これでは、課長もいらだってしまいます。

この係長が最初に課長に言うべきことは、「昨年度の児童手当の支給に間違いがあり、追給もしくは返還を求める住民がいる」です。**報告を行う場合、まず結論を先に言い、経緯などの詳しい説明はその後です。**

このように文章で説明すると、皆さんは「そんなの当然じゃないか」と思うかもしれません。しかし、本当にできているでしょうか。例えば、住民から手当の金額に関する問い合わせの電話があった場合、「この手当を受給できるのは……」と手当が受給できる条件の説明から始めるようなことはないでしょうか。

ところで、なぜ先の係長は結論から述べずに、経緯から話し始めたのでしょうか。それは、「係長が課長に何を伝えるべきか」を認識していなかったからに他なりません。課長に話しに行く前に、係長が報告のポイントをきちんと考えていれば、経緯から説明することはなかったはずです。話のポイントを簡単に一言でまとめる要約力が欠如していたのです。

## 要約力とは

**要約力とは、まとめる力です。内容を一言でまとめる力、もしくは大事なポイントを簡**

**潔にまとめる力です。**

簡単に言えば、「○○は××だ」と一言で主旨をまとめたり、「昨日の担当者からの説明で重要な点は、次の3点に集約できます」のようにポイントをまとめたりすることです。これは、仕事をする上で非常に重要です。

例えば、予算要求を行うにあたり、財政課がその注意点を説明する会議を開催したとします。会議次第には、①最近の市を取り巻く状況、②近年の予算・決算の推移、③来年度予算要求を行う上での注意点、④今後のスケジュール、⑤担当者紹介、と記されており、それに従い説明があったとします。

この中で、最も重要なのは、③来年度予算要求を行う上での注意点であり、①・②は前置き、④・⑤は自分に関係する部分だけをチェックしておけば十分です。このように、大事なポイントを見抜く力が要約力なのです。

この力がないと、熱心に①・②を聞くあまり、大事な③のポイントが抜けたり、⑤の自分の担当者がわからなくなったりしては、この会議に出席した意味がありません。例えば、後でこの会議に出席できなかった職員に、「つまり、この会議で重要なことは、○○だ」と簡潔に伝えられることが大事なのです。

## インプット・アウトプットの両面がある

**要約力は、インプットでもアウトプットでも活用されます。**

インプットでは、与えられる大量の情報を整理し、大事なポイントだけを選び抜くことです。これは、様々な業務を経験しながら、意識して「つまり、○○は××だ」のように整理していく経験を重ねれば身に付いていきます。

アウトプットでは、要約した結論や主旨を先に伝えることです。冒頭のケースで言えば、「昨年度の児童手当の支給に間違いがあり、追給もしくは返還を求める住民がいる」と言えば、課長は「何人で額はいくらか」、「なぜ間違いが発生したのか」、「プレス発表はどうするか」など、次から次へと疑問が頭に浮かび、係長の説明に耳を傾けます。

要約力がある人は、物事の本質をつかんでいる人です。反対に物事の本質をつかめていない人には、要約はできないのです。そうした人は、「何のために、この業務を行うのか」、「この会議でのポイントは何か」が明確ではありません。これでは、効率的に業務を進めることはできませんから、結局は、時間を無駄にしてしまうのです。

## 5 業務を省力化できる仕組み化力

### 業務を仕組み化すれば、業務は楽になる

**具体的な内容は異なっていても、業務の構造が同様であれば、複数の業務の処理方法を1つに整理することができます。それが、業務の仕組み化です。**1回1回の業務は異なっていても、業務の仕組みが同じなので、その工程に従えばよいのです。こうすると、最初から作業の処理方法を考える必要がなく、無駄な労力を割く必要がなくなります。

例えば、住民説明会の開催です。住民説明会の内容や対象などは毎回異なりますが、準備内容はだいたい決まっています。①会場予約、②住民への周知文書作成、③説明資料の作成、④当日の役割分担の決定、⑤会場設営……、などです。

このように、住民説明会を開催するために必要な準備について、共通のマニュアルを作

成するのです。このようなマニュアルがあれば、必要な事項はだいたい網羅されていますので、漏れがなくなります。反対に、このマニュアルがないと、住民説明会の開催が必要なたびに、担当部署は「住民説明会を開催するためには、何を準備したらいいのか」といちいち悩むことになります。

もし多くの部署で、開催のたびに悩んでいたら、かなりの時間を費やしていることになります。それならば、既に経験したことのある部署がその内容を整理し、マニュアル化して全庁で共有すれば、職員が無駄な時間を消費しなくて済むようになります。つまり、マニュアルを作成するとは、業務を仕組み化することなのです。

この仕組み化は、資料作成にも当てはまります。例えば、毎月施設の来館者を時間別・男女別・目的別にまとめ、それを表にまとめる作業があったとします。この場合、いちいちこれらのデータを数えていたのでは、時間がかかります。このため、毎日の来館者を時間別等で入力しておけば、自然に1か月の集計ができるように、エクセルのファイルを作成、もしくはエクセルのマクロを活用するのです。この仕組み化で、一気に作業は楽になります。

最初に、日ごとのデータを月にまとめるファイルやマクロを作成するには時間がかかるかもしれませんが、1回作成すれば、その後の作業はずっと楽になりますし、間違いもなくなります。これは、スマホの家計簿アプリのようなものをイメージするとわかりやすいかもしれません。毎日の支出を入力すれば、毎月、支出項目ごとに集計してくれるようなものです。このアプリ（仕組み）を最初に作るのは大変ですが、できてしまえば、後は日々入力するだけです。

## 様々な業務で仕組み化できる

このように業務を仕組み化できる力が、仕組み化力です。先の例に挙げたように、マニュアルの作成、エクセルのマクロなどが仕組み化に該当しますが、**様々な業務で仕組み化は可能**です。

例えば、毎年行う予算要求であれば、①業者への見積書作成の依頼、②各担当へのヒアリング、③新規事業説明のための資料作成、④課長への説明、⑤要求額の入力など、行うことは毎年ほぼ同じで、行うべき作業の順番も同じです。

行うべきこと、行う順番などが明確であれば、フローチャートのように工程を明確にしておけば、モレや順番がずれることが避けられます。このフローチャートも正に仕組み化なのです。このように、いろいろな業務で仕組み化が可能となり、これができあがればいちいち考える必要がないため、省力化が可能となり、しかも間違いがなくなります。

この他にも、住民からの問い合わせへの対応方法、現金管理のチェック体制など、様々な場面で活用できます。

## 仕組み化できる職員になる

**仕組み化をできる力を持つこと、つまり仕組み化力を身に付けることが、職員にとって重要なスキルになります。**


そのためには、様々な作業の内容を言語化して、分類整理することが求められます。先のフローチャートに当てはめれば、1つ1つの作業の内容を言葉にして、それぞれの処理工程に位置付けることが必要となります。新人職員が係に配属になった際、担当してもらう業務の処理手順を説明するようなものです。

また、日頃業務を行う中で、どのようなものが仕組み化できるか、それに気付けるかどうかも大事です。ただ、漫然と処理していたのでは気付くことはできません。

# 6 デキる職員が駆使する段取り力

## 業務達成のための手順を明確にしている

ある係長の話です。その係長は、保育課の担当係長で、部下は元園長だった保育士の再任用だけでした。担当していたのは、市内のある公立保育園に指定管理者を導入するものでしたが、保護者から反対され、業務は多忙を極めていました。

毎月1回、指定管理者導入のための保護者会が開催されるのですが、その準備が大変でした。保護者からは広範囲で大量の資料要求があり、また多くの質問状が送付されるため、その回答書の作成も一人で行っていたのです。平日の残業はもちろんのこと、土日出勤も行い、月の残業時間も70時間にまでなっていました。

この係長は多忙ながらも、工夫していたことがありました。例えば、次回の保護者会の提出資料については、前回の保護者会終了後、なるべく早く課長と確認・認識を共有しておくのです。また、保護者会提出資料は、できるだけ早く課長のチェックを受けて、できた資料から順番に再任用にコピーを依頼します。保育園内で職員間、または職員と保護者で何かトラブルが発生したときには、電話で済ませず、直接会って話をしに行きます。保護者から来た質問状はできる限り早く返答して、自分の手元に残さない、などです。

これは**仕事の段取りがうまくできていて、目的達成のために行うべきことの順序がきちんと整理されている**例です。

例えば、ここでの業務の目的は、保護者に指定管理者導入について理解してもらうことにあります。そのためには、保護者会での説明に理解してもらう必要がありますので、まずは庁内で合意しておくことが必要となります。また、保護者からの質問状に回答しなければ、それに対するクレームが保護者会で出てしまいますので、すぐに回答しておきます。さらに、職員間や職員と保護者のトラブルについても保護者会で言及される恐れがありますから、早い段階で状況を把握し、トラブルの芽を摘み取っているのです。

また資料について言えば、資料作成↓上司への説明↓上司の了承↓コピーの依頼↓保護者会での説明、との手順を踏みます。このため、複数の資料を作成するのであれば、できた順番からこのルートに乗せていくのです。

## 段取りがよければ、時間を無駄にしなくなる

仕事の段取りができるとは、仕事のやるべき順番が明確になっていて、それを逆算して着手できることです。そもそも業務達成のために何を行うべきか、その手順が理解できていないと、とても仕事の段取りはできません。それは、ただ目の前にあるものをこなすだけになってしまい、後で「時間がない」と悔やむことになるのです。

限られた時間の中で、何を行わなければならないか、優先順位が明確になっているのです。このため、期限内に業務が終了するように、時間を割り振っていくことになりますので、「今、何をすべきか」が明確なのです。

また、**段取りができると時間を無駄にすることがなくなります。**例えば、ちょっとしたスキマ時間ができた時に、「この空いた時間を使って、何かできることはないかな」と考えるだけで時間を有効に活用することができます。

先の例で言えば、資料作成をする時間はないけれど、半端な時間であれば、会議次第な

どの定例の書類だけ作っておく、保護者からの質問状に回答漏れはないか確認しておく、などができるからです。

## 年間スケジュールを見直す

この段取りは、1つの業務に限ったことではありません。

例えば、年間のスケジュールを考える際にも有効です。「6月議会があるので、5月下旬の課長は忙しい。だから、5月中旬までに困難な案件について説明しておこう」とか「予算要求前は忙しいから、キャビネットやファイルの整理は、8月中に行う」など、年度内の繁閑を考えて、スケジュールを立てることが可能となります。このような段取りの視点を持つことができれば、**単に自分の業務だけでなく、係単位・課単位のスケジュールを考える際にも有効です。**

いずれにしても段取り力のある職員は、前提として業務の全体像を把握しているとともに、そのために何をしなければならないかを理解しています。その上で段取りを行えば、時間を無駄にすることなく、作業効率を高めることができます。

# 7 他人の知識や経験を活用する巻き込み力

## 他人の力を借りて成果を高める

「与えられた業務をいかに効率よく処理するか」は確かに大事な視点ですが、業務は必ずしも一人だけで行うものではありません。

例えば、資料作成を命じられて、何の問題もなく自分一人で完成できるのであれば、ただ頑張るしかありません。しかし、その資料に類似した資料を既に作っていた人がいれば、そのファイルをコピーさせてもらうことも可能です。ファイルを上書きすれば、最初から資料の構成を考える必要はなくなり、作業時間は大幅に短縮できます。

また、庁内横断的な検討組織（委員会やプロジェクトチームなど）の立ち上げを課長から依頼されたとします。この場合、①設置要領の作成、②メンバーの選定、③検討内容の決定、④他部署へメンバー就任の依頼、⑤今後のスケジュール、など一人で処理するにはかなりの事務負担になります。

こうした時、既に様々な会議体の設置に経験のある職員に要領の制定方法等を教えてもらう、他部署へのメンバー就任の依頼は顔の広い係長に相談して一緒に対応するなど、他人の力を借りることができれば、自分一人の負担はかなり減るはずです。

このように、**他人に協力してもらい、力を借りるのが巻き込み力**です。これは、自分が楽をしたいために、もともと自分一人でできる仕事を他人に押し付けるものではありません。目的は、与えられた業務の成果を高めるため、他人に協力してもらうのです。

この巻き込み力は職員のスキルとしては本当に重要なのですが、残念ながら、あまり活用できていない職員が多いようです。

その理由の1つは、「これを相手にお願いしたら悪いかな」という職員自身の遠慮です。しかし、先に述べたように、これは自分が楽するためではありません。あくまで、業務の成果を高めるためですから、「この資料作成を命じられたんですが、Aさんが以前に作成した予算要求資料が参考になると思うんです」など、業務の成果向上の観点からお願いすることが大事です。

もう1つは、職員自身が自分で仕事を抱え込んでしまうことです。「これは、自分自身に与えられた仕事だから、他人に協力を求めるべきでない」と頑なに考えてしまうのです。これは、最近の職員に多いのですが、なかなか周囲と円滑なコミュニケーションを構築できない職員が結構いるのです。

しかし、このように自分で仕事を抱え込んでしまうことは、自分自身を追い込んでいくことになります。なぜなら、その業務ができないのは、できない自分が悪いと考えてしまうからです。これでは、自分で自分にダメ出しをするようなものです。このようなことが何回も繰り返されると、次第に職場で追い詰められてしまいます。

## 巻き込み力を持つことのメリット

役所の仕事は組織で行っていますから、職員に与えられた業務であっても、それは組織の業務の1つに過ぎません。組織に関係ない「あなただけの仕事」などはありません。このため、他人に協力してもらう、**他人の知識や経験を活用することは、組織の業務の成果を高めるためには何ら問題ない**のです。

この巻き込み力を持つことのメリットは2つあります。

1つは、他人に協力を求めることは、自分の業務状況を開示することにつながることです。「自分は、まだここまでしかできません」、「この点について協力してほしいのです」と言えば、周囲の人にあなたの現在の状況を伝えることができます。これは、周囲の人（特に上司）にとってあなたの状況が「見える化」されるのでありがたいのです。

もう1つは、上司を巻き込むことができれば、リスクを共有してもらえることです。「これができません」と問題点を上司に伝えれば、既にできないことを上司に報告したことになります。ですから、後で「なぜ、これができていないんだ」と言われることもないわけです。つまり、上司に話した時点で、できていないというリスクを共有してもらっているのです。巻き込み力は情報共有にもなります。

ただ、繰り返しになりますが、自分自身でできる業務をやらない、ただ他人に自分の仕事を押し付けているのでは困ります。そうではなく、あくまで業務の成果を高めるために、他人の力を活用するのです。巻き込み力を、大げさに考えなくてかまいません。困ったことがあれば、「これで周囲の人と話す材料が1つできた」くらいの気軽な気持ちでよいでしょう。

# 8 経験が活きる根回し力

## 課長の議会への根回し

皆さんは業務上、根回しをすることがあるでしょうか。まだ、係長や主任では、実際に活用することは少ないかもしれません。

例えば、管理職である課長は、次のような根回しをすることがあります。議会の所管委員会で議案が付議されて、委員会として採決するのですが、与党と野党で意見が対立していたとします。与党会派は、執行機関が提出した議案に賛成なのですが、野党会派が反対しています。その場合、課長は委員会当日までの間に、その委員会に所属する与党議員に議案の説明をして、積極的に執行機関の味方になってもらうのです。

この時、単に議案の説明をするだけでなく、委員会当日での発言内容を提案したり、野党会派への反論を用意したりして、野党会派を封じ込めるのです。与野党の人数が拮抗しているならば、場合によっては、無所属議員などにも説明して、多数派工作を行います。

これは根回しの一例ですが、仮に根回しを行わなかった場合を想定しましょう。まず、与党議員が十分に議案の内容を理解しているか不明です。また、野党議員の意見にも反論できませんから、委員会当日の議論の行方によっては、野党が有利になってしまうかもしれません。野党議員の発言が中心となり、委員会が野党ペースで進めば、与党議員も委員会を聞いている傍聴者の手前、「賛成」と言いにくい状況になってしまいます。これでは、議案が否決されてしまうかもしれません。

こうした事態を防ぐためには、どうしても課長は根回しを行っておく必要があるのです。**根回しができることは、つまり議会対策ができることと言えるので、管理職としては必須のスキルなのです。**

## 根回しのポイント

**根回しを行うためには、いくつかのポイントがあります。**

**第一に、根回しの目的と手段が明確になっていること**です。先の例で言えば、課長の使命は議案を可決させることです。そのために、「与党議員に議案を理解してもらう」、「野党議員の意見に反論してもらう」などが必要となりますから、議案のポイントを資料にまとめる、予想される野党議員の意見への反論をまとめる、などを行います。

仮に、議案に賛成してほしいからと、議員を訪れて口頭で説明したとしても、「口で言われただけじゃ、わからない」と言われてしまうかもしれません。このため、資料を準備したり、発言内容をまとめたりするわけです。「何のために根回しするのか」、「そのために何をすべきか」を明確にしておく必要があります。

**第二に、日頃から根回しできる人間関係を構築していること**です。もし課長と仲の悪い議員だったら、仮に与党議員であっても、とても課長の話は聞かないでしょう。日頃から課長と議員との間で人間関係ができているから、議員も話を聞いてくれるわけです。

このためには、本音が言える仲であることが重要となります。根回しは、場合によっては相手の主張を変えてもらう、相手に譲歩を求めるようなこともあります。この場合、「あなたがそう言うならば、今回は……」のように納得してもらう必要があります。単に形式的なつきあいでは、こうした依頼はできません。ちなみに、人間関係が大事なので、根回しは基本的に一対一で行います。

**第三に、根回しにはタイミングがあるということ**です。議員への説明が委員会直前では理解するのに時間がありませんし、委員会よりかなり前に説明しても、議員が忘れてしまう可能性もあります。

例えば、A係長とB係長が対立しそうな会議があったとします。この場合、事前に両係長に根回しするという方法もありますが、1回目は会議で対立させておき、2回目の直前に根回しするという方法もあります。この場合、一度お互いが言い合っているので、少し冷静になってお互いが考え直すことが見込めるからです。このように、効果的な根回しのタイミングがあるのです。

皆さんが根回しを行う場面は、いくつか考えられるでしょう。例えば、住民が参加する会議で一定の結論を出す必要があるものの、対立するグループがあり、事前に両者に会って主張や落としどころを確認する。または、事務局の考える結論で会議をまとめたいので、事前に出席者に説明して納得してもらう。さらに、課長が係長会を開催し、そこで決定すべき事項について、事前に課長に説明し、こちらの考える方向でまとめてもらう、などです。根回しも円滑に業務を行うためのスキルですので、是非、身に付けてください。

# 9 即断即決できる判断力

## 即断即決をするためには

これまでも述べたように、判断が遅くなれば組織全体の業務の進捗に影響を与えます。皆さんも経験があると思うのですが、起案文書がいつまでも課長の未決箱に入ったままで、決裁が遅れてしまい業者への支払いが遅くなったり、関係者への通知が遅れたりします。また、会議の議題を課長が判断してくれないと、開催通知を発送できないだけでなく、会議の準備全体が後回しになります。

このように、基本的には判断は即断即決が望ましいのです。ただし、**なかなか即断即決できない職員がいるのも事実**です。その理由は主に2つあります。

1つは、そもそもその人自身の判断基準があいまい、もしくは優柔不断の場合です。即断即決しようにも判断の基準がなかったり、いつも「これでいいのかなあ」と迷っていたりする職員では、とてもすぐに判断はできません。

こうした人たちは、残念ながら自分の中に明確なモノサシがなく、いつもブレてしまうのです。厳しい言い方かもしれませんが、いつも周囲の反応を気にしてしまい、自ら「これでよいだろう」となかなか判断できないのです。これでは即断即決とはなりません。

もう1つは、処理を放置して文書などをためてしまう場合です。このパターンでは判断はできるのですが、なかなかその行動に移らないのです。未決箱に書類がたまり、こぼれ落ちそうなのに気付いて、ようやく決裁を始めるのです。

1つのことに集中してしまうと、他のことに気が回らなくなってしまうタイプです。仕事はできるのですが、周囲を見渡すことが苦手な人が多いようです。しかし、これでは、結果として即断即決できていませんので、やはり業務が停滞してしまいます。

即断即決するためには、常にすぐに判断できる状態にしておくことが大事です。料理で例えると、まな板の上に材料が1つだけ載っていれば、その材料だけをすぐに処理することができますが、まな板の上に3つも4つも材料が載っていれば、「どれから手を付けるか」、「どのように処理するか」などを考えなくてはなりません。やはり、この場合も即断即決とはなりません。

このため、判断すべきものはゼロにしておいて、何か判断すべきものが1つ出てきたら、それを全力で処理してしまうのです。このように、常にゼロ状態を維持し、すぐに判断できる明確な基準が自分の中にあることが、即断即決のコツです。

## 即断即決しない方がよいケース

即断即決すれば、自分の課題ではなくなります。今度は、他の人が処理することになりますので、その人に判断すべきボールを渡している状態です。たくさんの課題を抱えてしまうことは、自分がたくさんのボールを抱え込んでしまうことですから、自らを追い詰めてしまうことにつながります。すぐに判断できる状態にするためには、常に身軽が理想なのです。

ただし、**即断即決しない方がよいことがあります。**自分が経験したケースでは、次のようなものです。

例えば、ボールを相手に投げても、すぐに返ってきてしまい、何度も無駄なやり取りが繰り返される場合です。課長から資料作成を命じられたとします。締切日よりも早く完成して、課長に提出したところ、赤ペンで添削されて戻ってきてしまいます。修正しても何度も何度も同じようなことが繰り返されるのですが、その修正にあまり意味がないように思われることはありませんか。

これは課長のクセのようなものなので、締切日ギリギリにならないとOKを出さないのです。こんな時は、早く作成しても無駄ですので、かえってギリギリに判断した方がよいのです。

また、すぐに判断できるものの、その後に状況の変化が起こる可能性のある場合も同様です。例えば、新規事業に係る予算要求を行おうとするのですが、新聞報道などによると国から補助金が出る動きがある、もしくは他部署で類似の事業を検討しているようだ、などの場合は、状況が流動的です。このため、資料が完成したからといって、すぐに提出しても、締切日直前で状況が変わり、資料を出し直さなければならない、などという無駄が発生してしまいます。このように、機が熟していない時に拙速に判断するのは、かえって時間を無駄にしてしまうおそれがあるので、注意が必要です。

ただし、基本は即断即決です。ご自身を振り返り、どのように判断しているか、判断にどの程度の時間を要しているか、検証してみてください。

# 10 成果を飛躍させるチーム力

## チーム力を高める3つの視点

主任や係長の皆さんであれば、単に個人だけでなく組織としての成果を考える必要があることは、既に認識していると思います。単に、Aさんは業務処理が速い、Bさんは作業がち密だなどの個人個人のスキルもありますが、では係全体として成果を残しているか、ということに着目する必要があります。

**組織として成果を高めるためには、主に次の3つの視点がある**と思います。

**第一に、職員が同じ方向に向かって仕事をしているかということ**です。よく、組織目標の共有と言われますが、これはややわかりにくいと思います。組織目標というと、年度当初に決める係や方針のようなものですが、これを日々認識している職員は極めて少数です。このため、組織目標を共有といっても、なかなか実感を持てないのです。

それよりも、業務単位で考えるとわかりやすくなります。例えば、今後開催するイベントに向けて、それぞれの職員が役割分担に従い、スケジュール通りに行っているかという方がより重要です。つまり、「職員が同じ方向を向いている」とは、「それぞれの職員が業務単位で方向性やゴールを共有しているか」ということです。

これを職員一人ひとりが認識していないと、ムダ、ムリ、ムラが生じます。つまり、業務が効率的に行われないのです。


**第二に、組織のリーダーが十分に活躍できる環境を整備すること**です。組織には当然リーダーがいて、その人が組織を引っ張っていくことになります。そのリーダーが十分に能力を発揮できるように、つまりリーダーシップを発揮できるように、周囲の人が下支えをする必要があります。

それは、何もリーダーにすべて従えということでも、リーダーを持ち上げろということでもありません。リーダーは組織の方向性を決めるため、いろいろな場面で判断する必要があります。例えば、主任であれば日頃から職員の声を聞き、それとなく係長に伝えておきます。そんな行動だけで、係長は職員の意向を把握することができます。また、課長が政策判断などを行わなければならない時、必要な資料や材料を集めておくのです。
このように職員が配慮するだけで、リーダーは判断を誤ることなく、組織が間違った方向へと進むことがなくなります。もちろん、最終的に判断するのはリーダーですが、判断の材料を集めておけば、リーダーにとってもありがたいのです。

**第三に、個人の得意技や個性を活かすこと**です。この得意技とは、人よりも抜群に優れていなくてもかまいません。職員本人が好きだと思っていることや、周囲の職員から褒められるようなことを積極的に引き出すのです。

かつての職場で、目立たない新人女性職員がいました。大人しい職員でしたが、たまたま、職場の忘年会で彼女が司会を行った時、話がとてもうまくて職場で話題になったのです。そのため、翌年のイベントで司会に抜擢したところ、住民からも好評だったのです。日頃の仕事ぶりだけではわからない彼女の得意技でした。

また、資料作成が上手な職員もいます。この男性職員もあまり目立つタイプではなかったのですが、とてもわかりやすい資料を作成するのです。そのため、いろいろな人から資料作成をお願いされるようになったのですが、本人も意気に感じて業務を行っていました。

## 他の職員への働きかけを

よく「組織としての成果は、単に個人の成果の合計でなく、それ以上になる」と言いますが、実際にはとても難しいことです。皆さんも経験があると思いますが、そもそも個人一人ひとりが能力をすべて発揮しているかも怪しいのに、組織としての成果が本当にすべての個人以上の成果になっているのかは疑わしいところです。

ただ、**主任や係長になると、既に自分一人に与えられた仕事をやっていればよいという立場ではなくなってきます。**また、周囲の職員も他からの働きかけがなければ、「このままでいいんだ」と思ってしまいますから、これまでと全く変化はありません。

先ほど例に挙げた新人女性職員や男性職員のように、ちょっとしたきっかけでその人の個性が現れ、思わぬ得意技が見つかることがあります。そんなささいなサインを見逃さず、活躍できる場所を見つけてください。

そんな職員が増えていくと、本当に個人の総計を上回るチーム力を発揮することができるはずです。

コラム

## 究極の仕事人？

ある職場で、とてもユニークな先輩がいました。その人は絶対残業しないことで有名なのですが、だからと言って仕事がいい加減というわけではありませんでした。また、仕事をバリバリこなすというタイプでもないのです。

当時はわからなかったのですが、「いかに楽をするか」がこの先輩の行動規範でした。よく言えば、非常に効率的なのですが、別な面から見れば、大変な面倒くさがり屋でした。

とにかく自分の業務をいかに早く終わらせるかが大事でした。そのため、面倒なことは避け、自分に火の粉が降りかかってこないようにします。係内で何か問題が生じて、誰かが対応しなければならないことがあっても、自ら火中の栗を拾うことはなく、ただひたすら貝のように静かに黙っているのです。

ようやく、誰かが「では、自分がやります」と事態が収まると、怒涛の勢いで自分の業務を終わらせ、定時に平然と帰っていくのです。また、人に頼むのも得意で、「ねえ、これお願い」と言いながら、平気で仕事を人に振っていました。

こんな調子なので、一部の女性陣からは「なに、あの人！」と不評だったのですが、全く本人は意に介していませんでした。「そこまでやるか」と内心思っていたのですが、今考えると究極の仕事人だったかもしれません。

# 第3章

# 超スッキリ片付く「書類・パソコンの整理術」

# 1 書類を捨てる癖を身に付ける

## 書類は与えられたスペースで整理する

皆さんの業務は、ほぼ必ずと言っていいほど書類があります。係会を始めとした様々な会議、住民への配布物、研修レジュメ、庁内報、自己申告書、各種行政計画など、書類に囲まれて仕事をしていると言っても過言ではないでしょう。

この**書類の山が、業務を滞らせている**ことも少なくありません。探している書類がすぐ見当たらない、書類が山積みになっているので見つけ出すまでに時間がかかる、山が崩れて元に戻すのに時間がかかる、などです。このように書類が整理されていないと、時間を無駄にしてしまいます。また、通路や廊下に書類が積み上げられていると、他人にとっても迷惑になりますし、火災などが発生した時には避難の妨げになります。

しかし、一方で「そんなことを言っても、毎日いろいろな書類が来るのだから、どうしようもない」という声も聞こえてきそうです。確かに、日に日に書類は増えていきますので、書類の山がますます高くなっていくのは理解できますが、本当にそれでよいのでしょうか。

当然のことですが、誰しも与えられたスペースは有限です。何もせず書類が山積みになっていては業務が非効率になってしまいますし、前章でも述べたようにいつでも判断できる状況にはなりません。このため、与えられたスペースで書類を整理することが求められるのです。

## 書類の最終的な行先を、その場で判断する

そこで、書類が来たら、「最終的にその書類をどうするのか」をまず決めることが必要です。基本的には、捨てるか、保管するのか二者択一です。しかし、この時に多くの人がやってしまうのは、「一応とっておく」です。これが厄介なのです。

すぐに捨てるわけにはいかないが、そうかといって保存するほどの書類ではない、という微妙な位置づけの書類が数多くあると思います。この微妙な書類たちが、書類の山を築

いていくことになるのです。しかし、これを放置していては、結局は山ができてしまいます。このため、**書類を「一応とっておく」は原則禁止とした方がよい**のです。ただ、どうしてもそれが困難な場合は、「翌日に判断する」のようなルールを決めておきましょう。

また、そもそもどのような書類を保存するのか、皆さんは基準を持っているでしょうか。限られたスペースで保存する書類なのですから、これらの書類は厳選されたものでなくてはなりません。基準がなければ、とても捨てることはできません。

## その書類、本当に捨てられませんか？

そこで、**皆さんに書類を捨てる癖を身に付けてもらいたい**のです。「自分は厳選した書類しか持たない」として、以下のような書類はすぐに捨ててしまうのです。

**第一に、他の場所に保管してある書類。**職場の共有キャビネットにある、他部署に行けば閲覧できる書類、全庁共有フォルダなどで見ることができる電子ファイルなどは、わざわざ個人的に保存する必要はありません。確かに、書類によっては手元にあった方が便利ということもあるかと思います。しかし、「頻繁にその書類を活用するため、いちいち他の場所から持ってくるのは面倒」という以外の書類は捨ててしまいます。

**第二に、今後1年の間に活用しないと思われる書類。**よく前任からの引継ぎで、過去の古文書のようなファイルを引き継ぐことがありますが、今となってはおそらく使わない書類が結構あります。こんな時に、「担当が自分になったからといって、過去のファイルを捨ててよいのだろうか」と思い悩むことがありますが、基本的に捨ててかまいません。本当に重要な書類は、規定に定められた保存年限に従い保管されていますし、まず見ない書類なのですから邪魔なだけです。かえって、無駄な書類を後任者に引き継いで、また後任者を悩ますよりも、いっそ廃棄してあげた方が後任者のためです。

**第三に、電子ファイル化できる書類。**必要な書類であっても、あえて紙で保存しておく必要はありません。書類をスキャンして電子ファイル化すれば、スペースは不要となります。もちろん捨てる書類を、すべて電子ファイル化する必要はありません。電子ファイル化すべき書類についても一定の基準を持つことが必要になります。

なお、保管する書類については、自分だけの問題でなく、係としてどうするかなど組織としての基準も必要となります。快適な職場環境をつくるために、是非、考えてみてください。

## 2 すぐに書類を見つけられる分類法

### 書類の保管方法

捨てるべき書類は捨てたとしても、どうしても保管する書類は残ります。そうすると、次の課題は、どのように保存するかです。

書類が少なくなったとしても、ただ書類を積み上げておくだけでは、有効に活用することはできません。**すぐに書類を見つけて取り出し、活用できるようにするには、次の視点が有効です。**

**第一に、大項目・小項目のように分類すること**です。例えば、大項目を庶務、予算・決算、議会のように大きな分類を行い、その上で小項目に分けていきます。例えば、大項目の庶務であれば、超過勤務、出張、勤怠など、細かく区分していくのです。このようにすると、類似する内容で整理することができますので、議会想定問答集と勤怠関係の書類が一緒になることはありません。このため、書類を探すときも楽になります。

場合によっては、大項目・中項目・小項目のように3階層に分けることもあるかと思いますが、あまり細かく分類すると、収納ファイルなどでスペースを取ることもあるので、注意が必要です。もちろん2階層よりも3階層の方が、すぐに書類が見つけられるので楽だということもありますので、ケースバイケースです。なお、分類するほどの分量がない場合は、「各種案件」、「各種会議」などとしてまとめることもあります。

**第二に、収納ファイルなどの形式を整えること**です。収納する道具は、いろいろなタイプがあります。一般的なものは、二穴式のバインダーに綴じて管理する簿冊式ファイリングですが、これ以外にも書類をはさんだクリアファイルなどをボックスに入れた状態で管理するボックス式ファイリング、あまり分量のない書類をフォルダにはさみ込むバーチカルファイリングなどのタイプがあります。

どのタイプを使うのかは書類の分量などにより異なりますが、一定のルールにそろえておきます。例えば、先の大項目ごとに色をそろえたり、一定期間保管した後に、廃棄する書類はバーチカルファイリングで収納したり、とルール化しておくとわかりやすくなります。

**第三に、頻繁に使う書類ほど自分の近くに置くこと**です。反対に言えば、あまり使用しない書類は遠くに置いておくのです。これは、使う立場から考えれば当たり前なのですが、頻繁に席を立って書類を取りに行くのは面倒です。そのような書類であれば、机の引き出しからすぐ取り出せる方が楽に決まっています。

しかし、日頃から机の中や周辺を整理できていない職員には、これができないのです。自分の机の引き出しは、異動した時のまま、雑多な書類で埋め尽くされ、次の異動がくるまでそのままという職員も少なくありません。

**第四に、保管する書類の定位置を決めておくこと**です。すぐに書類を見つけるためには、書類がいつも定位置にあることが必要です。特に、複数の職員が活用するような書類の場合には、定位置に書類がないと、他の職員は探さなければなりません。これは無駄な時間になってしまいます。

書類が定位置になければ、誰かが使っていることがすぐにわかります。このため、常に書類は定位置に置き、すぐに取り出せるようにしておきます。

以上が書類の保管方法です。「このような保管方法は当然だ」と思うかもしれませんが、実際にできている人は多くありません。

## いつでもすぐに異動できる状態にしておく

今後、各人の机がフリーアドレスのようなオフィスになれば、この書類の整理ができていないと職場全体が混乱してしまいます。フリーアドレスはこのような整理整頓ができているることが前提なのですが、それはいつでも効率的に業務ができる状態になっているとも言えます。

また、このような状態にしておけば、急な異動になっても慌てることがありません。もちろん、異動のために書類を整理しているわけではないのですが、このように整理されていれば、いつでも後任者に引き継げる状態になっているわけです。異動のたびに書類を整理しなければならない、とのプレッシャーからも解放されます。仮に、急病などで休むようなことが起こっても、すぐに書類の場所を伝えることもできます。

膨大にある書類を整理するのは、本当に大変です。ある意味では、過去の担当者がやってこなかったことをするのは苦痛でもあります。しかし、**膨大な書類も一度整理してしまえば、格段に業務は効率化します**ので、是非、試してください。

# 3 すぐに書類を活用するためのファイリング

## ファイリングの工夫

庁内で最も活用されるのは、おそらく二穴式の簿冊式ファイリングでしょう。この**ファイリングにあたり、私の周りで工夫している例をいくつかご紹介したいと思います。**

まず、**保管する際にすべてのホチキスを外して綴じている**職員がいました。この職員が言うには、①そもそもホチキスがあるとかさ張ってしまい、収納が少なくなってしまう、②課長からファイリングされた書類のコピーを依頼された時、いちいちホチキスを外すのが面倒、が理由でした。

これは一理あると思いました。確かに、ホチキスのままファイリングすると、結構ホチキスが邪魔になってしまうことがあります。また、会議の後で資料の差し替えなどがあり、書類を入れ替えることがあります。こうした時にも、すぐに対応することができます。ちなみに、この職員は厚い資料がホチキスで綴じられていても、簡単に外すことができる専用のホチキスリムーバーを持っていました。

次に、**保管方法として「前年度」と「今年度」でファイリングしている**例です。この人は管理職なのですが、とにかく書類を「前年度」と「今年度」でファイリングするのです。例えば、「議会関係　前年度」と「議会関係　今年度」のようにファイルするのです。

その理由は、基本的に業務は前年度と同様であることがほとんどで、イレギュラーなことが少ないからでした。このため、「この会議では、前年度は何をやっていたか」を確認すれば、だいたい今年やるべきことは理解できるので、「前年度」と「今年度」でファイリングするということでした。

いかにも前例踏襲を重んじる役所らしい話だとも思うのですが、確かにこれは楽な方法です。なお、年度の切り替え時に、前年度をまとめて廃棄すれば、書類が増えていくこともありません。もし、どうしても必要なものがあれば、その部分だけ電子ファイル化するという方法もありますので、これも1つの方法かと思います。

さらに、ラベルを工夫している職員もいます。この職員は、書類のファイリングの際に、ラベルの貼り方に独自のルールを持っているのです。

まず、**ラベルを貼る書類は、後で見返す可能性が高いものに限定**します。あまり、後で見返す可能性が低い書類には、ラベルを貼りません。ただ、そのままファイリングするだけです。また、ラベルを貼る場合でも、会議の日付だけわかればよい時は、小さなラベルを用いて単に日付だけを記入します。これは、「6月2日の会議資料をコピーしてくれ」のように、日付だけが大事だからだそうです。

そして、新規事業の検討ファイルのように「係会検討書類」、「課長の指摘」、「事業比較」といったラベルを貼る場合には、重要度で色分けしているのです。例えば、課長が了承した予算要求案などの重要度の高いものは赤いラベルで、それ以外は青いラベルにする、などです。このようにファイリングすると、一目で重要な書類が判別できるからというのがその理由でした。

## 書類を綴じる際には、ポイントをメモしておく

なお、**書類を綴じる際には、ポイントをメモしておくことをおすすめします。**

例えば、会議の資料であれば、「新規事業の内容については、次回7月10日の会議で決定することとなった」のように結論を付記しておくのです。会議の資料だけでは、結局その会議でどのような結論が出たのかわかりませんので、このようなメモが後でとても助かるのです。

また、「課長の意見は、次の3点。①費用対効果の検証が不十分、②見積を数社から取ること、③7月10日に再度検討し、そこで最終決定を行う」と大事なポイントを追記しておくのです。このようにすることで、課題が明確になります。

これは以前に述べた要約力にも関係するのですが、このように大事なポイントを付け加えるだけで、その会議や書類の重要な点がすぐにわかるので、とても効果的なのです。是非、試してみてください。

ちなみに、このように資料は綴じられて保管されることが多いので、資料を作成する際には、ある程度の余白を設けておくことが大事です。例えば、A4判縦長であれば、左側に2つ穴をあけてファイリングすることが多いかと思います。このため、左側に余白がないと文字が消えてしまうのです。A4判横長の場合は、上側又は左側の部分が消えていることがよくありますので、資料作成の際には注意してください。

## 4 上手なクリアファイルの活用

### 1つのクリアファイルに1つの処理案件

書類を整理する上で、クリアファイルは非常に有効です。この方法もある先輩から教わったものですが、効率的に業務を進めることもできますので、ご紹介したいと思います。これは、**自分が処理すべき業務ごとに、クリアファイルに書類を収納する**ものです。具体的には、次のような使い方をしていました。

**第一に、クリアファイルには必要最小限の書類だけを収納します。**例えば、新規事業を検討する時には、他事業との比較や他自治体の状況など、関係する書類は非常に多岐にわたります。しかし、これらの書類をすべてクリアファイルに収納していては、すぐに机の引き出しはいっぱいになってしまいます。このため、クリアファイルには必要最小限のものだけを入れておき、それ以外は別のところに保管しておくのです。収納すべきものは、自分が検討中の内容といった最新の情報に留めておきます。

**第二に、書類を収納したクリアファイルは、座った自分の正面にある、机の一番広い引き出しにしまいます。**一番自分の近くに収納することで、処理すべきものが常に自分の目の前にある状態となります。机の引き出しを開くたびに、やるべきリストがそこにあるようなものですから、課題を忘れたり、締切りに遅れたりすることがなくなります。

**第三に、それぞれのクリアファイルにA6サイズの用紙（横長）を書類の前に入れ、課題名や締切日などを書きます。**これは、それぞれのクリアファイルのラベルになり、引き出しを開けたときに、いちいち書類の中身を確認しなくても、一目で何をしなければならないかが明確になるのです。また、会議の資料が事前配布された時なども、会議名と開催日を記入してしまっておきます。これで、すぐに資料を取り出すことができます。

**第四に、クリアファイルは基本的に無色透明のものを用います。**これは、先に述べたラベルが一目でわかるためには、無色透明のクリアファイルが一番よいのです。ただし、「特に重要なもの」、「処理を急がないもの」、「他の職員からの返事があってから作業を開始するもの」など、処理すべきものでも何らかの区分けが必要な場合には、色のついたクリアファイルを活用した方がすぐに業務の特徴が理解できます。また、緊急性の高いものを赤いクリアファイルに入れると、「すぐに処理しないといけない」と心理的なプレッシャーにもなります。

**第五に、庶務的なものに関する専用のクリアファイルを作ります。**これは、会議開催通知、健康診断のお知らせなど、だいたい紙1枚のものですが、自分のスケジュールに影響するものです。業務ではないものの、自分の行動に関係するものは、まとめて庶務専用のクリアファイルにすると、スケジュールの確認ができます。

## クリアファイル活用の流れ

クリアファイルの活用方法は以上ですが、これを業務処理の順番である、時系列で考えてみましょう。

まず、何かしらの処理すべき業務が発生したら、クリアファイルを取り出して、重要な書類のみを入れておきます。同時にラベルも作成しておきますが、これは失敗したコピーの裏紙などで十分です。件名、締切日などを記入しておきます。

この状態で机の引き出しにしまっておきますので、処理を忘れることは、まずありません。引き出しに処理すべき案件がたまっている状態になるからです。そして、適宜、業務を処理していきます。処理が終わったら、書類を廃棄するか保管します。保管する場合は、先のファイリングの方法で行います。以上のように**業務を1つの流れにしておくと、処理を確実に行うことができます。**

なお、多くのクリアファイルを収納できるボックス式のファイリングがありますが、これで保存すると、いちいちクリアファイルの中身を確認しないと内容がわかりません。このため、このボックス式のファイリングはあまりおすすめできません。やはり、二穴式の簿冊式ファイリングを用い、ラベルを貼って保管しておいた方がすぐに書類の中身が確認できます。

ちなみに、クリアファイルは、単に自分で活用する時だけでなく、上司に複数の書類を渡す際や、視察などで移動する時にも有効です。特に議会の視察で外に出る時は、書類が風で飛んでしまったり、折れ曲がったりして、執行機関の職員が慌てて対応することがよくあります。このため、予め視察書類をクリアファイルに入れておき、マイクロバスなどに議員が乗り込む時に渡すようにすると、スムーズです。

# 5 机には余計なものを置かない

## 机上には必要最小限のものだけ置く

机の上には、余計なものを絶対に置かないこと。これは、書類の山をつくらないための鉄則です。

机の上には、パソコン、筆記用具、メモ帳、電話など必要最小限のものだけ置くと、決めてしまいます。このように**意識して決めないと、自然と机の上に書類がたまってしまう**のです。書類があると、まずはそれを片付けて、それからようやく作業することになりますので、余計な時間がかかってしまいます。業務を行うたびに片付けていたら、1回の時間は短くても、合計すればかなりの時間を無駄にしてしまいます。

「ちょっとくらいいいか」と思って、書類を置き始めると、だんだんと増えていき、結局は書類の山になってしまうので、注意が必要です。正に、塵も積もれば山となるです。何もない机ならば、すぐに作業に取り掛かることができますし、複数の書類を並べるスペースも確保できます。確実に業務の効率も上がります。

「机がきれいな職員は仕事ができる」という印象があります。おそらく皆さんにも思い当たる人がいるのではないでしょうか。

## 机の引き出しの中身も整理整頓

机の引き出しの中身も整理整頓しておき、必要なものはすぐに取り出せるようにしておきます。

実はこの**引き出しは、案外不要品の倉庫になっていることが多い**のです。イベントでもらったグッズ、使わない文房具など、いろいろなものが放置されていないでしょうか。このため、一度すべて引き出しの中身を取り出して、本当に必要なものか否か、確認してみましょう。きっと、捨てるに捨てられないものがたくさんあるかと思いますが、不必要なものは思い切って捨ててしまいましょう。

また、引き出しの使い方にも工夫をしたいところです。自分の正面にある広い引き出しは、先に述べた業務ごとのクリアファイルを入れると既に説明しましたが、それ以外の部分についても、以下のような使い方があります。

まず、右手の上段の引き出しです。ここには、クリップ、付箋、印鑑などの小物を収納しておきます。ただし、これらは散乱しやすいので、100円ショップなどで売っているトレーを活用すると、定位置を決めることができます。いつも決まった場所に置いておけば、行方不明になることもありません。ちなみに、100円ショップは整理整頓に役立つ品が数多くありますので、是非、調べてみてください。

次に、中段の引き出しです。ここに辞典、CDやDVDなど、やや大きいものを収納します。やや深みがありますので、仕切り板を活用すると、デッドスペースをなくすことができます。

最下段の引き出しは、最も深みがあり、多くの場合A4判サイズのものが収納できます。このため、各種マニュアルや頻繁に使うファイルなどを収納しておきます。ボックスファイルを活用することもあります。

なお、どの引き出しについても言えますが、基本的に使用頻度の高いものは自分の近くに置いておきます。

## 机上マットの下も有効に活用する

机上マットの下には用紙などを置くことができますが、ここにはよく電話する相手の連絡先や庁内の電話番号表などを入れておくと、いちいち電話番号表を取り出さなくて済みます。管理職は、管理職名簿や議員名簿などを入れていることが多いのですが、これもよく電話をするためです。

なお、**マットの下に印刷物をそのまま入れると、マットに文字がうつってしまうことがあるので、注意が必要です。**皆さんにも経験があると思うのですが、異動先に行ってみたら、前任者の入れておいた印刷物の文字がびっしりマットに残っていて、何もマットの下に入れられないことがあります。この文字を消すのは、結構な作業ですから気を付けましょう。

このため、クリアポケットなどを活用して、マットと印刷物との間に入れておくと、そのような事態を避けることができます。

# 6 上手にフォルダとファイルを活用する

## フォルダ名とファイル名のルール

現在、必ずと言っていいほどパソコンを活用していますが、特に**フォルダとファイルの使い方でも作業効率は変わってきます。**その具体的な方法をいくつかご紹介したいと思います。

**第一に、フォルダ名**です。よく使われるのは、「01庶務」、「02議会」、「03予算・決算」のように番号と名前を組み合わせるものです。このように命名すると、番号の小さい順番で並びます。このため、よく使うものや定番の内容を小さい番号にして、その部署特有の内容など特殊なものは、後に配置するのです。こうすると、頻繁に使うものは上位に表示されるので、必要なファイルをすぐに見つけられます。

また、このフォルダも大項目、中項目、小項目のように分類していきます。これは、エクスプローラーで表示した時に、一度にあまり多くのフォルダがあると、探すのが大変になってしまうからです。一度に表示されるフォルダは、15程度が見やすくなります。

**第二に、ファイル名**です。ファイルの命名のルールはいくつかあります。例えば、予算要求資料であれば、係長に提出したもの、課長に提出したもの、財政課に提出したもので、それぞれ異なってくることがあります。このため、「20190723予算要求資料（課長レク）」もしくは「予算要求資料20190723（課長レク）」のように、年月日と内容を組み合わせておくと、時系列でファイルを並べることができます。

また、冒頭に年月日を置くものとして、「20190723係長会資料」のような会議資料があります。これは、会議開催日を冒頭に置くのです。これは、後で資料を探す場合であっても、会議開催日から簡単にファイルを検索することができます。

なお、フォルダ名でもファイル名に共通して言えることとして、①半角・全角は統一する、②区切り文字を使う場合は「-（ハイフン）」か「_（アンダーバー）」を使う、があります。

①は半角・全角が混在していると見にくくなるからですが、一般的には、ひらがな、カタカナ、漢字は全角、英数字は半角で統一します。また、②は先の「予算要求資料

20190723（課長レク）」であれば、「予算要求資料－20190723（課長レク）」もしくは「予算要求資料_20190723（課長レク）」を用いるものです。これは見やすさの問題で、必ず使用しなければいけないものではありません。

## 共有フォルダを上手に使う

**第三に、デスクトップには必要最小限のフォルダを置き、できるだけショートカットを活用すること**です。よく、デスクトップに大量のフォルダやファイルをそのまま置いている人がいますが、これでは探すのが大変です。

また、人に覗かれる可能性もありますので、外部の人間が出入りするような職場であればセキュリティ上も問題です。さらに、デスクトップに大量のフォルダやファイルがあると、パソコンの動作が遅くなるというデメリットもあります。このようなことから、デスクトップには必要最小限のフォルダをショートカットで置いておくのがよいのです。

**第四に、フォーマットの活用**です。パソコンで資料などを作成する際、最初から作成するのは大変です。このため、例えば会議録や予算要求資料など、よく使うファイルのフォーマットをつくっておくのです。そして、必要があればそれに上書きしていけばよく、最初から作成する手間が省けます。

このフォーマットは、どこの職場に行っても活用できますので、あればあるほど楽になります。もし、よいフォーマットを持っている職員がいれば、コピーしてもらっておくとよいでしょう。

**第五に、共有フォルダとの使い分け**です。現在では、全庁共有フォルダや課共有フォルダがあり、自分のパソコンから見ることできます。この共有フォルダをうまく活用することで、組織としての作業効率を高めることができます。例えば、会議資料を複数の担当者が作成し、共有フォルダに格納することもよくあります。自分のパソコンだけに保管するとパソコンの容量の問題が起きたり、保管場所を忘れてしまったりすることがあるので、上手に共有フォルダを活用することが望まれます。

なお、この**共有フォルダの活用にあたっては、フォルダ名やファイル名がバラバラになっていて統一されておらず、かえって見にくくなってしまうことがよくあります。**特に、長年活用されていると、各担当者が独自の方法で命名して、そのままにしてあるのです。このため、年度初めなどに命名のルールを確認しておくとよいでしょう。

# 7 知っていると便利なメールとパソコンの活用術

## メールも即断即決が基本

**業務でメールを使うのは当たり前になっていますが、これも時間をかけないで、効率的に処理したいものです。**このためのポイントをいくつかご紹介したいと思います。

**第一に、メールは基本的にその場で処理する**ようにします。例えば、会議の連絡が来たら、出欠の返事とともにスケジュールに書き込む、照会事項が来たらすぐに返答するなどです。もちろん、その場で判断できず、調べてから回答ということもありますが、この場合はいったんＴＯＤＯリストに書き込んでおきます。このようにすれば、処理を忘れることがありません。

メールを読み、「これは、どうしようか」と考えて、そのままメールを閉じてしまうことがあります。このように一度読んだメールを放置してしまうと、忘れてしまいやすいので注意が必要です。

**第二に、メールの文章はできるだけ簡潔明瞭**にします。例えば、「以下の点について、回答を願います。①次回会議の日程、②当課から提出すべき資料の内容、③資料提出日」などです。①～③については、箇条書きにした方が見やすくなります。

例えば、先の内容をすべて「です、ます」調の文章にすると、かえってわかりにくく読みにくい本文になってしまいます。長文の文章を読ませることは、相手に負担をかけることになりますので、避ける必要があります。

**第三に、定型文を使用し、単語登録をしておくこと**です。「いつもお世話になります」、「メール、拝見しました」などは、よくフレーズとして使用します。これをいちいち入力していては時間もかかります。このため、先に説明した単語登録をしておき、入力する手間を省きます。

ただし、実際にメールを送付する時は、全体の文章としておかしくないか、必ず確認します。頭の中では間違っていないと考えていても、実際に文字にするとおかしなニュアンスになっていることもあります。このため、送付直前の見直しは必須です。

以上の他にも、メールの技術としては、一目で内容がわかる件名（タイトル）、返信不要の場合はその旨を明記する、などもあります。
メールをいかに使うかは、現在では大事な職員のスキルになっていますので、日頃の使い方を確認してみてください。

## ファイル検索と単語登録

また、**パソコンの活用にあたり、覚えておくとよい2つの機能があります。**

まず、**ファイルの検索方法**です。ファイルが行方不明になったり、かつて作成したファイルで名前がはっきり思い出せなかったりした場合に、よく使います。手順としては、①タスクバーからエクスプローラーを選択、②エクスプローラーの左側にフォルダが並んでいるので、探したいフォルダを選択する、③画面右上の「（フォルダ名）の検索」ボックスに、検索したい文字を入力する、④検索結果が表示される、となります。

検索ボックスに単語（単語の一部でも可）を入力すると、入力した単語を含むファイルやフォルダが検索されます。先に述べたように、ファイル名に日付を入れておくと、日付から検索が可能となります。なお、ファイルの保存先を確認するには、ファイルを選択し、右クリックで「ファイルの場所を開く」を選ぶと表示されます。

次に、**単語登録**です。人の名前や役所特有の用語などは、通常の変換では表示されません。このため、そうした単語を予め登録しておくのです。この手順としては、①画面右下の「A」や「あ」などのアイコンを右クリック、②「単語の登録」を選択、③単語登録の画面が開いたら、登録したい単語を「単語」の欄に入力し、「よみ」の欄に読み仮名を入力する、となります。

なお、これはいつも使う文章などを短縮して登録することができます。例えば、「いつもお世話になります」を「いつも」で登録しておくと、「いつも」と入力するだけで「いつもお世話になります」と表示されます。自治体では、議員名、管理職の職名などを登録していることがよくあります。

ちなみに、名前で外字が使用されていることがありますが、この場合は、IMEパッドを用います。画面右下の「A」や「あ」などのアイコンを右クリックし、IMEパッドを起動します。この中にある手書きで入力して表示される文字から選択するか、もしくは文字一覧から外字を選択します。

コラム

## 思わぬ発見がある文房具の世界

書類の整理には、文房具が必要です。ちなみに、文房具とはオフィスなどで情報の処理・記録・伝達等のために備えられる道具類のことを言うそうですが、この文房具の世界は、結構奥深いものがあります。

例えば、今では当たり前に使われている付箋ですが、これはもともと接着剤メーカーの失敗作から誕生したのは有名な話です。強力な接着剤の研究を行っていたところ、たまたま「よく付くが、簡単にはがれる」接着剤ができてしまい、それを商品化したものが付箋になったわけです。

このように、便利な文房具は日々生まれています。例えば、消せるボールペンもメジャーな存在になりましたが、どこの自治体でも正式な書類に使ってしまい、監査で指摘される事項として有名です。また、針のいらないホチキスなどもよく使われるようになり、住民説明会での配布資料などで目にすることも少なくありません。

こうした便利グッズは、作業を効率化できてありがたいのですが、それと同時に「使って楽しい」、「ちょっと人に自慢できる」など、思わぬ効用があります。今では、ネット上で様々に紹介されていますが、時間のある時に大型文具店や100円ショップなどを巡ってみると、案外楽しいので、おすすめです。

もちろん、道具に夢中で、肝心の仕事に集中できなくなっては、本末転倒ですが……。

# 第4章

# イライラ＆モヤモヤ解消！「人間関係の整理術」

# 1 自分の意思を伝えないと相手はわからない

## 周りの職員に声をかけてみる

人間関係に対する悩みは、誰しも一度は抱えるものですが、その悩みは人それぞれです。2013年に出版されてベストセラーになった『嫌われる勇気』(岸見一郎・古賀史健／ダイヤモンド社)では、「人間の悩みは、すべて対人関係の悩みである」とまで言い切っています。本章では、いろいろな側面から人間関係の悩みについて整理してみたいと思います。

本項では、最近の新人職員や若手職員に多い、「そもそも、どのように職場の人と関わってよいかわからない」という職員の悩みを取り上げてみたいと思います。例えば、職場に出勤はするものの、周囲の職員とほとんどコミュニケーションを取ることができず、じっと座っているような職員です。仕事を教えればできるのですが、周りの職員と円滑なコミュニケーションがなかなか築けないのです。その理由として、「少子化で大事に育てられていて、周囲から声をかけてあげないとダメ」、「一人っ子なので、これまで何に対しても親が面倒を見てきたので、自分からは意思を伝えられない」など、いろいろなことが言われていますが、ここでその理由を探ることはしません。

仮に、もしあなた自身が周囲の職員とうまくコミュニケーションが取れないと悩んでいたら、まず、**自分自身が周囲に声をかけているかを確認してください。**自治体も、いろいろな人が集まった組織の1つです。このため、あなたのために周囲が気を使ってくれるのは、残念ながら新人の時くらいです。一定期間が過ぎれば、組織人として自立してくれることを周りは望んでいます。

ですから、「指示待ち」の姿勢では困ります。1つの業務が終われば、そのことを伝えて、「次は何かありますか」、「何かお手伝いすることはありますか」と声をかけて、自分の状態を伝えるようにしてください。

もしかしたら、声かけ自体に躊躇してしまうかもしれません。「みんな忙しそうで、声をかけづらい」、「自分なんかが、話しかけて大丈夫だろうか」と思うかもしれません。しかし、「いったい、あいつは何をしてるんだろう」と周りが不気味に思うよりもましです。

「すみません、今ちょっといいですか」と一声かけるようにしてください。
「こちらの気持ちを察してくれたらいいのに」と思うかもしれませんが、そのような以心伝心をあてにしても、まず無理です。それは意地悪でなく、現在、どの職員も忙しいため、余裕がないのです。

そもそも**周囲の職員も、あなたと全く別の人生を歩んできて、価値観も考え方も違っているのですから、以心伝心は無理**なのです。こうした人たちと一緒になって、組織を構成して仕事を行っていくのですから、自分から意思を発信しないと状況は変わりません。まず、声のかけやすい職員に一対一で相談してみるのも1つだと思います。「ちょっといいですか」と気軽に切り出してみましょう。あなたの実力が発揮されないと、やはり組織として円滑な運営はできなくなってしまいますから、きっと相談に乗ってくれます。

## 風通しのよい職場を

反対に、もしあなたの職場に先のようなうまくコミュニケーションが取れない職員がいたら、周囲の職員としては、その職員に積極的に声をかけてください。

残念ながら、現在の**新人や若手の職員には、コミュニケーションに悩んでいる職員が本当に多い**のです。ある程度の経験がある職員だと、「自分は、そんなことはなかった」と強く違和感を覚えるかと思います。しかし、これは育った時代が違うため、今では「そのような職員は普通だ」と思うくらいでよいのです。

**最も避けなければならないのは、職員を孤立させてしまうことです。**残念ながら、そうなってしまうケースが非常に多くあります。周囲とコミュニケーションが取れない↓当初は声をかけるが改善されない↓当該職員が孤立↓周囲も関わらなくなる↓当該職員が休む、のような悪循環が起きてしまうのです。

こうなると、休んだ職員の負担が他の職員に回ってきますから、ますます当該職員とその他の職員との溝ができてしまいます。また、職員が一人つぶれてしまっても、現在の状況では、なかなか補充はされません。このため、そのような状態に陥る前に、周囲の職員がサポートすることが必要になってきます。

当該職員も周囲の職員も少しずつ歩み寄ることができれば、いずれ風通しのよい職場ができます。しかし、何も対処しなければ状態は改善せずに、ますます悪化する一方です。是非、活発なコミュニケーションが実現している職場にしてください。

# 2

# 人間関係は役割で考える

## 悪い感情を抱く前に、その人の役割で考える

人間関係で悩む人は、「あの強権的な上司は嫌だ」、「係長とは何となく気が合わない」など、どうして感情の問題になってしまいます。しかし、感情的になる前に、**人間関係を役割という視点で考え、整理**してみてはどうでしょうか。

『組織の盛衰』（堺屋太一／ＰＨＰ文庫）によると、組織は２つに分類できると言います。１つは共同体で、自然発生的なつながりで生まれ、構成員の満足追求を目的とした組織。これは家族や趣味サークルなどです。もう１つは機能体で、外的な目的を達成することを目的とした組織。ここでは、構成員の満足や親交は手段であり、本来の目的は利潤の追求やプロジェクトの完成などの組織外の目的です。典型例は企業や軍隊ですが、自治体も同様です。

我々職員もこの機能体である組織の一員ですから、それぞれ与えられた役割があります。例えば、どうしても苦手な上司（課長）がいたとします。その課長は気分屋で、機嫌のよい時には問題ないのですが、機嫌が悪いとなかなか決裁もしてくれません。また、部下を下に見て「上から目線」で話し、部下としてはいつも見下された感じを受けます。さらに、時間にもルーズで、始業時刻前に仕事を命じてきたり、定時後も平気で用を言いつけてきたりします。部下としては、困った上司です。

このような上司をどのように考えたらよいでしょうか。ここでは、感情の部分は除いて、課長の役割で考えてみます。課長は、課の方針を決定するのが役割です。具体的には決裁をする、意思決定をするなど、基本的に判断することが求められます。

**言い方は悪いのですが、部下としては、自分が抱える案件の処理や決裁など、上司が判断をスムーズに行ってくれさえすればよいわけです。**人間的に尊敬できない、人として嫌いだなどの感情はいったん横に置きます。その役割だけを果たしてもらえるように、部下は上司をうまく使う必要があります。

課長として機能するよう十分活用し、自分に害が及びそうな時は徹底的に排除します。このためには、判断をしてもらう時は機嫌のよい時をねらいます。また、自分に火の粉が降りかからないように、始業時刻ギリギリに出勤し、定時になったら退庁します。さらに、機嫌の悪そうな時は近づかないなどの工夫も必要かもしれません。

皆さんは、「なぜ、部下である自分がこんなに気を使わなければいけないのか。課長の理不尽さを人事課に訴えるべきではないか」と思うかもしれません。確かにそれも1つの方法で、人事課に訴えて課長の態度が改まることもあるかもしれません。

しかしながら、もし訴えて、変に報復されたら厄介です。また、人間の性格はそうそう変わるものでもありません。それならば、こちらが課長を操る術を覚えた方が、今後また困った上司に出会ってしまった時にも有効です。このため、役割に着目して、いかに活用するかを考えた方が、結局はよいのです。

## 役割を認識しないと組織が機能しない

この**役割で人間関係を考えると、感情的にならず冷めた目で職場や組織を見ることができます。**係長、課長、部長、首長といった上司だけでなく、仕事で関係する庁内の他部署や関係機関の職員なども冷静な目で眺められます。

確かに日々の業務の中でいらっとしたり、頭にきたりすることもあるかと思います。「なんで、こんな奴と働かなくてはいけないんだ」と思うこともありますが、しかし、泣いても叫んでも、その職員が異動することはおそらくありません。このため、どうしても自己防衛しなければならないのです。

以前、口の悪い管理職が職員のことを「兵隊」と呼んでいました。管理職から見れば、自分の課にいる職員は、働かせる兵隊に過ぎないという意味です。現在、さすがにそのような呼び方をする職員はいませんが、これはある意味では役割論とも言えます。

皆さんの周りで、こんな職員はいないでしょうか。例えば、課長は判断しないで、ただ部長の言うことを伝えるだけになっている。係長は特定の職員の手伝いをして、係長としての業務を行っていないなどです。

このように、**役割を認識していないと、組織は組織として機能しなくなります。**これでは、組織は円滑に運営できず、組織目的が達成されません。自治体として考えれば、これは住民福祉の向上の妨げになっていることになります。

人間関係で悩んだら、組織における役割を考えてみましょう。併せて、自分の役割についても改めて見直してください。

# 3 上手に上司を活用する

## 役割を明確にして判断材料を与える

人間関係の中で、最も悩むのは上司との関係ではないでしょうか。自分自身の経験を振り返っても、本当にいろいろな上司に出会ってきました。とにかく自分のやり方で業務を進めないと気が済まない係長、自分の考えを持たずに周囲に流されるだけの課長、とにかく首長の顔色を窺ってその意向を押し付けてくる部長や副首長など、様々でした。

ただし、**上司を変えることはできませんから、こちらがうまく立ち回り、自分への被害を最小限に抑え、自分が気持ちよく働ける環境を自ら構築していくしか、残念ながら対抗手段がない**ように思います。そこで、いくつかの方法をご紹介したいと思います。

第一に、**上司に何をやってもらうか、もしくは何をさせないか、明確にすること**です。

これは、前項で説明した役割をはっきりさせることです。係長でも課長でも、一定期間は一緒に仕事をせざるを得ず、残念ながら逃げることはできません。そのため、その期間はこちらが働きやすいように、上司が動いてくれればよいわけで、それ以上の関係を持つ必要はないのです（もちろん、持ちたいのであれば別ですが）。

それならば、役割を明確にして、その関係だけに徹するようにしていくのです。もし、勤務時間外に用を言いつけられたり、私的なお願いをされたりしても、言い方の問題はありますが、基本的に拒絶してもかまいません。上司の言うことを何でも受け入れたら、役割に徹する関係を構築することはできません。

**第二に、上司がその役割を果たせるよう、材料を提供すること**です。

例えば、担当する施設で事故があったとします。事故の程度にもよりますが、①施設を閉鎖するのか、②仮に閉鎖するならば、いつまでか、③利用者への周知はどうするか、④部長や首長、議会への報告はどうするか、などの問題が発生します。

このような時、課長に「事故が起きました。どうしましょうか？」と判断をすべて丸投げしては、上司がその役割を十分に果たせない可能性もあります。課長に判断してもらうことをリストアップして明示した上で、判断を仰いだ方が効率的です。判断が遅れれば、いずれ「今、施設は使えるのか」と住民から問い合わせが殺到して、結局は自分の業務量が増えてしまいます。

このため、事前に判断材料を提供しておくのです。「当面、施設は休止した方がよいと思います。なぜなら……」などと、課長が判断すべき内容の案を提示しておくのです。もちろん、課長から別の案が出るかもしれませんが、それはそれで判断してくれるので、部下としては楽になります。このように判断材料を提供しておいた方が、結局は業務が滞ることがなくなります。

## 上司にリスクを共有してもらう

**第三に、上司を巻き込んで、上司にリスクを共有してもらうこと**です。

例えば、自分の業務でトラブルが発生した、もしくはこれから問題が起きそう、という場合は、早めに上司に報告しておくのです。これで上司と情報は共有したことになりますから、後で上司は「俺は聞いていない」とは言えなくなります（ちなみに、報告しても「俺は聞いていない」と言い張る、ひどい上司もいますので、報告時には資料を渡した方が無難です）。

これにより、自分一人でリスクを抱え込むのでなく、上司にリスクを負わせることができ、気が楽になります。この時に、上司が明確に指示をしてくれればよいのですが、仮に指示がなくても、同じリスクを背負う運命共同体にはなります。

なお、こうした観点から言っても、**報告・連絡・相談のいわゆる「報連相」は大事な自己防衛手段**とも言えます。自分の身を守るためにも、頻繁に行った方がよいのです。場合によっては、何かしらの解決策が見つかるかもしれません。

以上、上司の活用方法について説明しました。嫌な上司で悩まないための方策ですが、実際にはなかなか対応困難なこともあるかと思います。しかし、そのような悩みを一人で抱え込んでしまうと、自ら首をしめてしまうので、どうしても困った時には、信頼できる職場の人や、人事課へ直接相談した方がよいでしょう。

現在、私自身も管理職ですが、やはり上司のことでは悩むことがあります。組織の上に行くほど、個人的な裁量が増えていきますので、余計に嫌な上司のアラが見えてきてしまうのです。しかし、それで腐っていても、何もよいことはありませんし、時間がもったいないと思うのです。嫌な上司で自分を腐らせず、ともに頑張りましょう。

# 4 気持ちよく部下に働いてもらおう

## やってみせ、させてみせ

係長などの「長」のポストでなくても、ある程度の年齢になると、後輩や部下ができて指導する立場になります。現在は、組織の上に行きたい職員が少なくなり、昇任選考を受験しないことが、多くの自治体で課題になっています。「係員が、思うように動いてくれない」、「うちの課の職員は、積極性がない」などと嘆く係長や課長もいます。

しかし、部下や後輩の成果が上がるように導くことも、先輩や上司として大事な人間関係の1つです。ただ、ここではあくまで後輩や部下が活躍してくれるために、先輩や組織の長として、どのように対応するべきか考えてみたいと思います。

**まずは、部下の立場になって実際にやってみせること**です。一度は模範を示す、もしくは完成形を教えてあげないと、目標やゴールがわかりません。このため、教える立場の者が一度やってみせる必要があります。その上で、**実際に部下にやらせてみます。**ただ見るだけと、実際にやるのでは大きな違いがあります。やはり、実際に自分で体験しないと、実感が持てません。そして**きちんと成し遂げたら、ほめること**も教える者の役割です。

また、「わからないところはある？」、「このやり方や方法について、どう思う？」など、部下の意見を引き出してみましょう。こちらから問いかけないと、本人は問題意識を持ちませんので、積極的に質問してみましょう。

ちなみに気付いた方もいるかもしれませんが、これは日本海軍の山本五十六の名言**「やってみせ、言って聞かせて、させてみて、ほめてやらねば、人は動かじ」**と同じことです。

## 問題意識を持つ職員にする

しかし、いつまでも手取り足取り教えているだけでは、部下の自主性は育ちません。ある程度仕事ができるようになったら、次の段階として、部下が自ら課題を発見できる職員にレベルアップさせる必要があります。

このためには、仕事を任せてみることも1つの方法です。「この処理をお願いしたいんだけど、まずは自分で考えてやってみて。どうしてもわからないことがあれば、質問して」のように、ある程度の業務を任せてみます。

また、業務の依頼だけでなく、**日常会話でも、気付きを与えたり、疑問を投げかけたりしてみます。**「それって、どういう根拠があるの?」、「それは後で議員にも周知することになるから、事前に日程などを課長と調整しておいた方がいいよ」などです。もちろん、いちいち口をはさむのでは、部下も仕事がしにくくなりますし、部下に余裕がない時はあえて口をはさまずに任せてみることも必要です。しかし、先のような投げかけは部下の成長には欠かせません。風通しのよい職場をつくるためにも、面倒と思わずにやってみてください。

## 困った部下をどうするか?

さて、以上は一般的な部下や後輩への指導ですが、どうにも対応に困る部下が存在するのも事実です。しかし、これまでも述べたように、部下は部下としての役割がありますから、この役割を果たさないと円滑に組織が機能しなくなります。

このため、**まずは一対一で話すこと**です。実は、最近の部下を見ていると、いわゆる問題職員でないことが、案外多いのです。例えば、とにかくコミュニケーションが取れない、組織人としての認識に欠ける、本人は仕事をしているつもりでも実績が全く伴わない、などのケースが非常に見られます。

話をしてみると、「えっ、そんなふうに考えていたの？」と思うことが結構あるのです。このため、**日頃の仕事ぶりだけで、安易に「こいつは使えない」などの判断を下すことは危険**なのです。頭にくることがあるかもしれませんが、まずは感情的にならず、現在の業務についてどのように考えているか、困っていることはあるか、など聞き出してみてください。また、こちらからも、困っていることを伝えて、認識のずれを確認することも必要です。

もちろん、単なる本人の怠惰などの落ち度があるならば叱ることも必要です。場合によっては、処分されることなどを説明して、行動を改めてもらうケースも出てくるかと思います。こうしたプロセスを経ても、行動が改まらないならば、課長に面接してもらう必要も出てくるでしょう。

最悪の場合、こうした部下を見切って、残った職員だけで対応せざるを得ないこともあるかと思います。課長に人事課に掛け合ってもらうなどの対応も出てきます。

# 5 住民からのクレームにうまく対応する

## クレーマーから逃げない

住民からのクレームも、我々を悩ます人間関係の1つです。これが原因で、長期の休みに入ることになったり、メンタルに不調を起こしたりする職員も少なくありません。この対処法について、考えてみたいと思います。

まず、私が見て残念に思うのは、自らクレームを招いてしまうことが少なくないことです。例えば、言葉遣いや態度が丁寧でない、もしくは住民から見て失礼に思われてしまうなど。これは、役人的な「上から目線」の発言などもあるのですが、親しみを込めたつもりが、相手のプライドを傷つけたりするということもあるのです（高齢者から「私を年寄り扱いをするな！」と言われるなど）。このため、基本的に丁寧な態度を取りつつ、場合によっては相

**手を見ながら、臨機応変に対応することも職員にとって大事な能力**とも言えるのです。

しかし、多くの職員を悩ますのは、やはりクレーマーの存在でしょう。私も様々なクレーマーに対応してきました。単に公務員を見下したい、バカにしたいという単純な心情から、地域エゴ丸出しの町会長や、粘って特別な対応を引き出したい自称インテリ住民、とにかくクレームを言い続けることが目的だけの悪質なものまで、本当に十人十色です。

このようなクレーマーに対応して強く感じることは、クレーマーに出会ってしまったら、腹をくくって対応するしかないということです。小手先の言葉でかわそうとしたり、クレーマーから逃げ回ったりしても、逃れることはまずできません。仮にその場は収まっても、またクレーマーはやって来ますので、根本的な解決にならないのです。このため、まずはクレーマーから逃げないと覚悟を決めるしかないのです。

## 組織での対応が基本

そこでクレーマーへの対処法ですが、基本は組織で対応することです。特定の職員だけに対応を任せていたら、その職員は追い込まれてしまいます。

具体的には、段階的に複数の職員で対応することです。例えば、係員A↓係員A・B↓係員A・Bと係長↓係長と課長……などです。住民と係員Aが話したところ、クレームが発生してしまった。そのため、先輩のBが「どうかしましたか？」と話に加わったのですが、話がまとまらず、「それでは、上の者を呼びます」と係長に来てもらうのです。そこでも住民が納得しないようであれば、今度は課長が出ていく、というような流れです。

これは、あくまで一例ですが、この時に最初から課長が出て行ってしまっては、後がありません。このため、職位の低い職員から順番に対応していくのが基本になります。また、人が何度も変わるために、クレーマーはその度に話さざるを得ないので、クレーマーの気力・体力を奪っていくことにつながるのです。

なお、**上席者は単にクレーマーの話を聞くだけでなく、納得してもらうためのテクニックも必要**になります。「例えば、○○さんのおっしゃることは、残念ながら市として対応は困難です。しかしながら、職員の説明も不十分で誤解させてしまった点もありましたので、この点についてはお詫び申し上げます」のように、振り上げた拳を相手が下げやすいように、環境をつくる技術も必要になってきます。

それでも、クレームが収まらない場合は、「もう説明は十分しました。これ以上はお話することはありませんので、失礼します」と席を立ってもかまいません。さらに、終業時刻を越えて庁内に居座るようであれば、警察に連絡することになります。

## 冷静さと全体の利益を武器に戦う

クレーマー対応は、本当に疲れますし厄介です。しかし、逃げられませんから、常に冷静さを持って対応することが必要です。こちらが熱くなっても、よいことは1つもありません。自治体には常に「全体の利益」という錦の御旗を持っていますから、クレーマー対応は「クレーマー対職員」との個人戦にはなりません。

**組織的対応ができれば、基本的にクレーマーに負けることはありませんから、職員としては焦る必要はありません。**警察沙汰になっても、裁判沙汰になっても、組織として対応することになりますから安心してください。

クレーマーへの対応が一通りできるようになると、自分の自信につながります。また、職員としての幅も出てきます。こうした経験を通じて、是非、柔軟な対応力を身に付けてください。

# 6 どうしても苦手な人への対処法

## みんなと仲良くなんてできない

様々な人間関係について述べてきましたが、**「それでも、やっぱり苦手な人への対応がわからない」**という人もいるでしょう。これをどのように考えたらよいのでしょうか。

**第一に、そもそも「全員と仲良くする必要はない。嫌いな人がいて当然」と思うこと**です。昔から日本では「みんなと仲良く」と教育されていますので、これが日本人の心理にこびりついています。ですから、「仲良くしなければならない」と誰もが強迫観念を持ってしまいがちなのですが、そんなことは幻想です。

性格も価値観もこれまでの経験も異なるのですから、人は違っていて当然です。まずは、「みんなと仲良くなんてできない」と開き直りましょう。

**第二に、他人は変えられないと悟りましょう。**例えば、相手と口論になり論破できたとしましょう。相手が反論できずにあなたに頭を下げたとしても、相手には恨みが残るだけです。論破できた方は喜びに浸ることができるかもしれませんが、それで相手が変わることはあり得ません。口論、説得、脅迫など相手を変えようとする方法はいくつもありますが、真の意味で相手が変わることなどありません。

そもそも論破は勝ち負けを決めるので、上下関係ができてしまいます。これでは完全に解決になりません。ですから、「他人なんて、変えられない」と自分を納得させましょう。

**第三に、対人関係については、正解や正義を持ち込むのを止めましょう。**他人との間でトラブルがあると、「あいつは間違っている」、「俺は悪くない」と、つい「正しさ」を拠り所にしてしまいます。しかし、これは各人が「正しい」と思っているだけで、それを客観的に証明することはできません。強いて言うならば「多くの人がそう思っている」くらいで、結局、それも数ある考え方の1つに過ぎません。だから、「私が正しい」はあり得ないのです。

このため、「正しい考えなんてない」と達観しましょう。

**第四に、相手とは考えが違うのですから、必要以上に関わるのは止めましょう。**相手と言い争っている、どうしても許せない人がいるという状態は、自分の目線が相手に向かっていて、ストレスを溜めている状態です。しかし、そもそも私たちの目的は、こうした相手に勝つことなのでしょうか。例えば、嫌な上司がいて、相手をしたくないのに何かと関わってくるとします。こうした場合、上司に「困ります」と伝えることも大事なのですが、上司に勝とうと、論破したり、苦情を言ったりしても、根本的な解決になりません。

それならば、「所詮、人は人、自分は自分」と割り切り、「私はあの人と違うから、必要以上に関わらない」と目線を相手から外して、自分の進むべき道に向けた方が健康的かつ生産的です。このように考えれば、ストレスを抱え込むことはありませんし、相手を必要以上に気にすることもなくなります。そのためには、どのような言動や行動が必要なのか、洗い出してみましょう。

## 自分らしく生きていこう

嫌な相手に関わっていると、自分のスタミナも奪われ、ただ無駄に時間を費やすだけになってしまいます。ただ相手と同じ土俵に居続けて、意味のない勝負にこだわるだけになってしまいます（本当は、そもそも勝負でもないのですが）。ここにこだわることで損してしまうのです。

ゲームのRPGで例えるなら、自分のゴールを目指しているにもかかわらず、無駄に雑魚キャラに時間を取られているようなものです。ゲーム中に思わず言ってしまう、正に「お前に関わっている暇はない！」のです。多少の手傷を負うことはあるかもしれませんが、雑魚キャラ撲滅を目指すのではなく、少しでも早く本来の道に戻り、そうした雑魚キャラからの雑音に心動かされずに、自分のゴールを目指すべきです。

**嫌な相手を否定せず、過剰反応もせず、ただ「進むべき方向が違う」と割り切ってしまう。**そして、自分は自分なりの考え方で進んでいけば、やりがいも成長も感じられるようになります。また、自分らしく生きていけば、自分に共感してくれる人たちで囲まれることになります。

もしかしたら、なかなか「あいつだけは許せない」、「あの課長は、本当に困る」と感情的な自分から抜け出せないかもしれません。しかし、そうした気持ちが少しでも残っているということは、自分らしく生きていない証拠でもあるのです。もう一度、自分のゴールを確認した上で、気分転換したり、ストレス発散したりして、なるべく早く本来の自分の道を進むようにしましょう。

コラム

## 気の合う人とだけつきあう世界

サラリーマンを辞めて、起業した人の話です。この人は、起業によってつきあう人が大きく変わったそうです。

その人が言うには、「サラリーマン時代には、やはり会社の嫌な上司や取引先のエゴに苦しめられた。しかし、起業後は気の合う人とだけつきあっている。もちろん、起業後も取引先はあるけど、どうしても嫌なら自分から関係を終わらせることができる。だから、サラリーマンの時のように、無理してつきあうことはなくなった。人間関係のストレスから解放されたことは、本当にうれしい」とのことでした。とてもうらやましいと感じてしまうのは、私だけでしょうか。

もちろん、大きな組織を辞めて独立することは、大きなリスクを抱えることにもなります。彼も「仕事がなくなってしまうかも」という不安はいつもあるそうです。その面で「定期的に給料がもらえたサラリーマンは、やっぱり安定している」と言いますが、やはり先のような自由を得ると居心地がとてもよくなり、サラリーマンに戻りたいとは決して思わないそうです。

人間関係を我慢して安定を得るのか、安定を我慢して人間関係の自由を得るのか、これも人の価値観次第ということでしょうか。

# 第5章

# おろそかにしてはダメ！「プライベートの整理術」

# 1 出世を目指すか

## 出世のメリット

多くの職員が悩むものの1つに、役所の中でどのポストまで目指すのか、いわゆる出世の問題があります。本項では、皆さんがこの出世についてどのように考えたらよいのか、出世のメリットとデメリットについて整理してみたいと思います。私自身、これまで30年も役所に勤めて多くの先輩を見てきましたし、また管理職となり様々な経験をしてきましたので、その一端をお示ししたいと思います。

**メリットの第一は、給料が上がること**です。これは、やはり大きな魅力です。ある自治体の職員アンケートでも昇任を目指す理由の第1位でしたので、出世を目指す多くの職員がそのように考えているといっても間違いではないでしょう。

残念ながら、収入の額が生活スタイルを決めてしまうことは、否定できない事実です。また、在職中の給料の額は退職金や年金にも影響しますので、在職中だけでなく定年後の生活にも影響します。さらに、今後の少子高齢化の進展を考えると、社会保険料などの負担増、年金減額などの所得減などを考えると、**生活防衛という点からも割り切って出世を目指すというのも考え方の1つです。**

また、**出世すれば権限も増えていきますので、それだけダイナミックな仕事をすることもメリットの1つです。**一般職員では、係長や課長に指示されたことを問題なく行うことが業務の中心でしたが、管理職になれば自ら制度を設計したり、新たな事業を立ち上げたりすることも可能となります。

ただ**「やらされる仕事」でなく、自ら「創意工夫して行う仕事」はやりがいも全く異なってきます。**これまで以上に、深い満足感や手応えを得ることもできます。また、役職が上がれば、それなりのポストの人とつきあうことになりますので、視野も広がってきます。このように人間的成長を感じられるようになるのも、出世のメリットと言ってもよいでしょう。

さらに、出世すると周囲の目も変わってきます。課長になれば、それなりの権限を持っていますから、町会長などの地域住民はもちろんのこと、医師会や大学などの関係機関、都道府県や国など官公庁などの対応も、一般職員の時とは異なってきます。

もちろん、庁内の職員からも一目置かれる存在になります。これまで、同僚や先輩だった職員からも「○○課長、決裁をお願いします」のように、課長としての対応をしてくれます。下世話な話かもしれませんが、家庭内やご近所の見方も変わってきます。

## 出世のデメリット

もちろん、出世はいいことづくめではありません。デメリットも存在します。**デメリットの1つは責任が増えることです。**課長になれば、自分一人だけでなく、部下の面倒を見たり、議会対応をしたり、と「やるべきこと」は増えていきます。先に示した**権限の拡大は、裏を返せば責任の増大になります。**課長としてやるべきことをやらないと、「課長失格」の烙印を押されてしまいますので、プレッシャーとの闘いという側面もあります。

課長として創意工夫を行い、やりがいを持って仕事ができるのならばよいのですが、首長や部長から命じられた業務を成し遂げられないというのは、大変なプレッシャーです。場合によっては、「住民の施設廃止反対運動を解決しろ」のような、どこから手を付けたらよいか全くわからない、困難な課題が自分の身に降りかかってくることもあります。

また、部下指導も大変です。部下は優秀な人間だけとは限らず、職員によっては、教えてもなかなかできなかったり、素行に問題があったりすることも少なくありません。「自分一人でやった方が早い」と思っていても、部下にやらせなくてはいけません。

こうなると、先のような人間的成長どころか、大きなストレスを抱えてしまうことになります。このため、長期の休みに入ったり、役所を退職してしまったりする管理職がいるのも事実です。「あのまま、係長として現場の第一線で働いていた方がよかった」ということも起こりかねないわけです。給料に見合わない仕事になってしまうのです。

以上のように、出世にはメリットもデメリットもあります。一概にどちらがよいと決めることはできず、各人が自分の価値観で決めることになります。ただ、言い方は悪いのですが、庁内には多くのサンプルがいます。

ただ上司に媚びへつらい出世を目指す人、ある程度の年齢になってから課長になる人、後輩が課長になっても平気な人など、様々です。単に出世するか、しないかという二択ではありません。「自分が40歳になったら、係長にはなっていたい。でも、その後はその時に考えよう」のように、とりあえず短期的な目標を設定するのも1つの方法かもしれません。

# 2

## 結婚するか、独身のままでいるか

### 公務員と結婚をめぐる様々なケース

結婚するか、独身のままでいるかは、やはり大きな人生の選択肢です。これは、あくまで個人の価値観の問題なので、言うまでもなく、どちらがよいという比較の問題ではありません。しかし、**どこかの時点で、自分なりの態度を決める必要が出てきます。**

公務員と結婚という視点で見れば、多くの事例に遭遇してきました。皆さんの参考にしてもらうべく、いくつかのケースをご紹介したいと思います。

例えば、新人女性職員。彼女らは、入庁当時は周りからチヤホヤされることが多いのですが、1年後に次の新人女性職員が出現すると、2年目の女性職員の中にはかなり焦る様子が見られます。勝手に男性職員が舞い上がるのですが、さんざん持ち上げておいて、2

年目には態度が変わるという様子は、民間企業でも見られるそうです。

その結果、どういう経緯かわかりませんが、かなり年の離れた男性と結婚することがあります。その理由は、「心に隙間風が吹いた、女性の心理にうまくつけこんだ」などと分析されますが、確かに心理戦の結果なのかもしれません。

また、同じ自治体内での結婚、つまり庁内同士の結婚は非常に多い事例です。この場合、一般的には共働きとなりますので、経済的には最強です。両人たちの趣味などの娯楽費はもちろんのこと、居住や子どもの教育などを見ても、比較的余裕のあることがほとんどです。ちなみに、現在では夫婦そろって管理職なんてこともありますので、その経済的インパクトは絶大です。

しかし、この職員同士で結婚した場合は、それなりのリスクを覚悟しなければなりません。「今日は残業だから」と偽って喜び勇んで夜の街に消えていったとしても、すぐにばれてしまいます。ちょっとサボりたいからと年休をこっそり取得したり、職場で若い女性に手を出したりしても、すぐに相手に伝わります。

また、職員同士の結婚の場合、離婚に至るケースも少なくありません。「○○さんは、かつて△△さんと夫婦だった」のような会話はよく聞かれます。登場人物の2組の夫婦がすべて庁内職員で構成される、昼ドラのような話も珍しくありません。こうしたことを知らない若手職員が、事情通のベテラン職員から内情を打ち明けられて、思わずのけぞっている光景もたまに見られます。

このように、**同じ自治体職員同士での結婚を考えるならば、様々な事態を想定しておく必要があります。**しかし、だいたい恋愛で盛り上がっている当人同士に冷静な計算はできませんので、後々になって悔やむことがあるそうです（あくまで伝聞です）。

## 最後は勘だけが頼り？

生涯未婚率とは、「調査年に50歳の男女のうち結婚歴がない人の割合」を示し、1990年以降、急増傾向だそうです。2015年の国勢調査では50歳男性の23・4％、50歳女性の14・1％に一度も結婚歴がなかったとの結果が出ています。このように、現在では独身のままでいることも一般的になってきましたし、そもそも冒頭に述べたように、あくまで結婚は個人の価値観によるものです。

このため、「結婚して、自分の自由な時間を奪われるのは嫌だ」、「人に気を使って、一緒に生活するなんて、自分には無理」と考える人には、そもそも結婚するという選択肢はないと思います。

ただ、職員の中には「このまま一人でいるのはどうなんだろうか」と悩み、「いい人がいたら、結婚したい」と考える人も少なくないと思います。確かに、価値観や嗜好が似ていると、相手と一緒に思いを共有できますので、一人で味わうよりもより深い感動になることもあります。これは、なかなか心地よい感覚です。もちろん、配偶者でなくても、友人などでも可能なこともあるかもしれませんが。

あくまで個人的な感触かもしれませんが、**結婚に際して損得や、相手の条件、世間体などを口にする人の場合には、結婚後、ダメになってしまうケースが多いように思います。**自分自身も、まだ若い時に学生時代の友人をある女性職員に紹介したのですが、先のようなことを気にする職員だったせいか、うまくいきませんでした。

**結婚を決めるのは、意外に勘が大事なのかもしれません。**これまで、お互いが別々に生きてきて、ある日から一緒に生活するなんて、考えてみれば大変なことです。その際、当てにできるのは、これまで自分が生きてきた中で獲得してきた、動物的な勘のように思うのです。それが、「感性が合う」ということだと思うのですが、いかがでしょうか。

# 3 お金の問題を整理する

## 収入と支出を把握する

私生活の中でもお金の問題は、大きなポジションを占めています。自治体職員である皆さんであれば、電気などを止められた単身高齢者の孤独死、住民税滞納に伴う差押え、職員による生活保護費着服など、お金に関する出来事は業務で目の当たりにしているはずですから、お金と生活が密接に関係していることは、身にしみているはずです。

しかし、その一方で**自分自身のお金について、明確な方針を持っている人はそれほど多くないようです。**例えば、結婚、マイホームの購入、親の介護など、大きなライフイベントでもない限り、なかなかお金について考えないのではないでしょうか。ですが、**お金の問題は一生つきまといます。**そこで、公務員とお金について考えてみたいと思います。

**まずは、収入です。** 基本的には、「役所からもらう給料が収入のすべて」という人が大半だと思います。原則、副業禁止の公務員が収入を増やそうとするならば、昇任、超過勤務の増加、国政調査や選挙事務など不定期に募集される事務への従事くらいでしょうか。兼業届を出して講演を行ったり、僧侶になったりすることも可能ですが、それはレアなケースでしょう。また、株式や不動産への投資による収入も考えられますが、必ずしもプラスになるとは限りません。競馬・宝くじに至っては、基本的にはトータルでマイナスです。

もし公務員として定年もしくは再任用までいるならば、基本的に生涯のおよその収入は計算できます。もちろん、今後、インフレ、定年延長、役職定年の導入などの事態が起こることもあります。トヨタなどの大企業でも、終身雇用の継続が難しいことを表明していますから、公務員も現行の収入が維持されるのかは不透明です。ただ、現時点での大まかな生涯年収（退職金、年金も含め）は計算可能です。

**次に、支出です。** 食費、住宅費、光熱水費、娯楽費など、現在の支出内容を十分に把握できていることはお金を考える上での基本です。また、今後、結婚、住宅の購入、教育費、親の介護費用など、不確実な要素は多数あります。結婚しても、共働きなのか専業主婦（夫）なのかで、家計は大きく変わってきます。ちなみに、職員の中には無駄に民間保険に加入している人が見られますが、これも安全志向の強い公務員の特性でしょうか。

以上のように、**収入と支出の内容が把握できれば、貯蓄についても算出できます。**一般に、収入と支出の差が貯蓄になるのですが、職員によっては先に貯蓄目標を設定し、残った額の範囲内で月々の生活をする人もいます。「毎月5万円貯金するので、今月は残った6万円の中でやりくりする」ようなパターンです。

支出重視か、貯蓄重視かは価値観によりますので、どちらがいいとは言えません。ただし、「お金があるだけ使ってしまう」生活では、ついつい浪費してしまうので、なかなか貯蓄することは難しいでしょう。

## 家計プランをつくってみる

このように収入・支出・貯蓄、さらに住宅ローンなどの借金も加えれば、家計プランを作成することができます。これは、現在から平均寿命までの間の収入・支出・貯蓄の推移状況を年齢別に一覧したものです。この**家計プランを作成すると、意外にこれからの生活は厳しいことがわかります。**

私自身、50歳の節目の年に初めてこの家計プランを作りました。その時、「定年後に、貯金を取り崩していく生活」が数字でわかり、大変驚きました。正に老後資金2000万円問題です。ちなみに、この家計プラン作成の場に同席していた女性が「勧奨退職して悠々自適に暮らそうと思っていたのに、とても無理だとわかった。定年後も働かなくちゃ」とこぼしていたのがとても印象的でした。

今後の人口減少社会を考えると、税や社会保険料の負担増、年金の減額や支給開始年齢の引き上げが見込まれ、現時点よりも厳しい家計プランに変更せざるを得ないことも予想されます。

ご自身の家計プランを、まずは早目に作成することをおすすめします。1回作成してみれば、シビアな現実が実感でき、また、「40歳になったら、このような家計なのか」と肌感覚でわかります。また、家計プランを作れば「無駄な保険を解約する」、「目標の貯金額を設定する」、「つみたてＮＩＳＡを始める」など、新たな目標を見つけられるかもしれません。場合によっては、転職や起業を真剣に検討することになるかもしれません。

残念ながら、**収入はライフスタイルを拘束してしまいますので、これを機会に是非お金について考えてみてください。**

# 4 アフターファイブ・休日の自分時間

## 職員のプライベート時間

**職員のプライベートの時間の使い方を見ると、主に3つに区分できます。**

**第一に、プライベート重視タイプ。**そもそも公務員という職業を選択したのは、仕事はほどほどで自分の時間を確保したいからという人は、昔から結構います。こうしたタイプは、できるだけ残業を避けたいと考えており、異動希望先もそのような職場を選びます。しかし、現在はどの職場も忙しいので、定時に退庁できないことも少なくありません。

**第二に、仕事重視タイプ。**最近はめっきり少なくなりましたが、とにかく長時間労働をしている職員もまだ存在します。「長時間労働は美徳」の旧来の労働観がこびりついているのかは不明ですが、平日夜間だけでなく休日も出勤しています。本当にそんなに仕事があるのか、傍目から見ると不思議なのですが、仕事が趣味とか自分の存在価値になっていたりするようです。

**第三は、先の二つの中間タイプ。**仕事だけ、プライベートだけの両極端にはならず、ある程度の残業もしますが、プライベートもそれなりに大事にする職員です。おそらくこのタイプの職員が大多数でしょう。忙しい職場であれば残業はするものの、そうでなければ定期的に休暇を取得し、プライベートを充実させるのです。

ところで、このプライベートの充実ですが、時間の使い方は人によって本当に様々です。その代表的な例をいくつか見てみたいと思いますが、もちろんそれが良いか悪いかではありません。

例えば、つきあいの中心が職員のタイプ。平日のアフターファイブは同僚と飲みに行き、休日は職員同士でゴルフや競馬に興じる職員もいまだ健在です。こうなると、職場の人間以外との関わりがなくなってしまいますので、どうしても世界観が狭くなります。自治体内でしか通用しない、いわゆる役所の論理だけで生きているので、役所以外の人間と会話ができない人もいます。

また、家族との時間を大事にする職員は非常に多いです。子どもがいるので、保育園の送迎を夫婦交代で行ったり、定期的に旅行に行ったりと、家族重視のタイプです。夫婦とも同じ自治体職員の場合、時間の融通ができますので、お互い協力しあっている様子がよく見られます。

さらに、趣味やレジャーに時間を使う人もいます。学生時代にやっていた野球を地元で続けていたり、趣味の楽器演奏をしたりします。また、自己啓発のために、語学やプログラミングの学習をしている人もよく見られます。かつて自治体職員が芥川賞を受賞したこともありましたが、これもまたプライベートの時間を活用して、執筆活動を行っていたということになります。

## プライベートの時間は意外に短い

このようにプライベートの時間の使い方を見てみると、やはりその人の価値観が大きく影響しています。当然のことながら、限られたプライベートの時間なので、自分が大事にしているものに時間を充当することになるわけです。

そのことに異論はないのですが、役所生活全体を考えると、この**プライベートの時間の**

**使い方は、今後の役所人生に影響を与えることが少なくありません。**

例えば、平日も休日も同僚と一緒のタイプの場合、退職してもその人間関係が続くのであればよいのですが、一般的に退職すればその人間関係は断絶してしまいます。四六時中、同僚といることが刹那的・享楽的とは言いませんが、「ただ、その場が楽しければよい」となると、その人間関係がなくなった時に、自分の立ち位置に悩んでしまいます。

実は、かつての私の上司がそうでした。定年退職したものの、これまで庁内の人とばかり時間を費やしていました。家庭を振り返らなかったために、家では邪魔者扱いになっていたのです。職場では、我々部下からも信頼されていたのですが、家での立場は全くありませんでした。このため、定年退職から数年して、メンタルに問題を抱えてしまったのです。

目の前にある仕事をしていれば、何となく時間は過ぎていきます。しかし、これは「与えられた仕事」であって、自らつくり出した仕事ではありません。このため、「与えられた仕事」がなくなってしまうと、何をしたらよいのか途方に暮れてしまうのです。

このような時に大事になってくるのが、「これまでプライベートの時間を何に使ってきたのか」なのです。**公務員という役割が自分からなくなった時、自分に何が残るのか、**定年前の職員だけでなく、若い頃から意識して考えておくことをおすすめします。

# 5

# 自分の居場所はあるか

## 複数の居場所を持つメリット

皆さんは、自分の居場所をいくつ持っているでしょうか。居場所とは、職場や家庭はもちろんのこと、趣味・スポーツの仲間、ご近所の集まり、学生時代の友人グループなど、自分が属しているコミュニティを指します。一般的に、自分なりの居場所を複数持っていることが大事と言われます。

例えば、小学校の低学年であれば、多くの子どもは学校と家庭の2つの居場所しかありません。このため、もしその子が学校でいじめられていれば、家庭で親が一緒になって対応を考えてあげたり、子どもを慰めたりすることができるので、子どもは心のバランスを保つことができます。

しかし、家庭でも「いじめられるお前が悪い」などと親から拒絶されてしまうと、子どもにとっては学校も家庭もストレスを抱える場所になってしまいます。そうなると、引きこもったり、最悪の場合は自殺に至ったりします。もう、子どもには居場所がなくなってしまうからです。

大人も同様です。仮に職場と家庭しか居場所がなく、職場でも同僚とうまくいかず、家庭でも配偶者や子どもとの関係が悪かったりすれば、やはり自分の居場所がなくなってしまいます。こうした場合、学生時代の友人でも、テニスサークルの仲間でも、職場・家庭以外で話を聞いてくれる人がいれば、精神的に追い詰められなくて済みます。

この**自分なりの居場所を意識的に複数持つことが、仕事だけでなく、プライベートを充実させるために重要**なのです。その理由は、いくつかあります。

**第一に、ストレスを発散でき、精神的なバランスを保てること**です。先のように、職場・家庭ともに八方塞がりであっても、学生時代に仲の良かった友人がいれば、その友人に愚痴をこぼすことができます。それによって、精神的な安定を得られます。しかし、行き場のない苦しさを抱えたままでは、心身ともに不健康になってしまいます。

**第二に、様々な居場所があることで、それぞれの居場所を相対化して見られること**です。

例えば、独身で職場しか居場所がないと、目の前にある職場の論理が世界のすべてのように思えてしまいます。上司の言うことが絶対に見えたり、職場で疎外されている自分が間違っているように感じたりしてしまうのです。

しかし、そんな時に民間企業に勤める友人が、「そんな上司が社長だったら、とても社員をまとめることはできないよ」というように、民間企業の立場から自分の問題を客観的に分析してくれることもあります。そうすると、「なるほど、そういう考え方もあるのか。民間だったら、そのように判断するのか」と物事を相対化することが可能となり、「そんな上司のことで悩まなくてよいのだ」と考えられるようになるのです。

**第三に、自分にとって居心地のよい場所を、主体的に選択できるようになります。**居心地のよい場所は、いつも同じとは限りません。職場でも、同僚と気が合う時もあれば、何となくウマが合わないこともあります。学生時代の友人でも、波長が合う時もあれば、会って話しても不満が残ってしまう時もあります。

自分にとって居心地のよい場所は、自分や相手の状況、またタイミングなどで変わってきます。このため、その時に応じて、自分の居心地のよいコミュニティを活動の中心にすればよいわけです。「これしかない」と1つの居場所を絶対視するのでなく、複数の居場所を持ち続ければ、いつでもコミュニティを選ぶことができるので気持ちに余裕が持てます。

## いろいろな生き方・考え方を選択できる

**公務員でも、民間企業に勤める者であっても、職場は居場所の1つですが、これに依存してしまうことはリスクが大きくなります。**職場がうまくいかなくなったら、行き場がなくなってしまうからです。多くの居場所を持てば、役所以外の様々な視野を持て、情報量が増えます。情報が多ければ、いろいろな生き方・考え方を選択することが可能となります。公務員としての自分も相対化して考えることができます。

若い方はあまり実感を持てないかもしれませんが、定年に近い職員であれば、今後の人生を考える際に、この居場所は大きな意味を持ってきます。また、若い職員であっても、公務員稼業を俯瞰して見ることができたり、職場以外で自分が活躍できる場所を確保できたりと、様々なメリットが生まれてきます。

役所の論理がすべてでは、あまりに視野が狭くなり、発想が硬直化してしまいます。これを避けるためにも、是非、自分の居場所づくりについて考えてみてください。

コラム

## スペシャリストのすすめ

公務員になった理由は、人それぞれだと思います。公共のためとの高邁な理想もあれば、親が住む地元で働きたいとの切実な思い、やっぱり安定しているからという本音、希望の民間企業に入れなかったということもあるでしょう。「でもしか公務員」も実際はたくさんいることも事実だと思います。

どのような経緯にせよ、公務員になったからにはうまく公私混同して、仕事を楽しんでみてはどうでしょうか。例えば、自治体では多くの研修や自己啓発のチャンスがあります。これを利用して、語学やプログラミングの勉強をしたり、著名人の講演会に参加したりと、自分の好きな分野の見聞を広めることができます。

また、多くの職場を経験してくると、自分に合った分野が見つかります。それは福祉や財政などの各行政分野、人をまとめるなどの組織管理、資料作成などのビジネススキル、昇任試験対策など様々です。ありがたいことに公務員として仕事をしながら、こうした道を究めていくことができるのです。

道を究めていくと、研修講師や執筆の機会なども与えられ、その道のプロになることも可能です。公務員の中には、庁内だけでなく、自分の自治体以外で活躍する人も数多くいます。皆さんも何かのスペシャリストを目指しませんか。

# 第6章

# 楽になる特効薬「ココロの整理術」

いつも
自分自身を
身軽に
自分で考えて
選択する
批判するだけ
ではダメ！
限られた
時間を
有効に使う
役所との関係
を見直す

# 1 限られた時間を有効に使う

## 時間単価の考え方

人に与えられた時間は、誰しも等しく1日24時間です。これをどのように使うのかは、人によって異なりますが、その使い方で人生は大きく変わってきます。

例えば、時間単価という考え方があります。簡単に言えば、その人の時間あたりの金額で、アルバイトで言えば時給になります。また、サラリーマンなどの場合、同じ給料をもらっていても長時間労働であれば時間単価は安くなり、短時間労働ならば高くなります。

公務員の場合、毎月の超過勤務手当の申請以外では、あまり時間単価を意識することはないと思います。つまり、仕事をするのに「この業務は何時間で仕上げよう」と意識する職員は少数でしょう。どのように処理しても、それで給料が変わるわけではありませんので、1時間あたりの成果を気にすることは稀です。しかし、同じ仕事を4時間でやるのと、

8時間でやるのでは時間単価は倍も違うことになります。

時間単価の感覚が鈍いと、とても効率的な業務を行うことはできません。例えば、「この業務を勤務時間内に終わらせるにはどうしたらよいか」と考えるか、「いつになったら、この仕事は終わるのだろう」と考えるのかでは、結果は大きく異なってきます。

前者であれば勤務時間内の業務を終了させることが前提ですが、後者ではいつになったら業務が終了するのかは不明です。このように、**時間あたりの成果を考えないで業務を行えば、残業を減らすことはできませんし、業務の処理も自然と非効率になってしまいます。**

前者の考え方に立てば、時間単価は高くなり、自然と業務も効率的になります。

ちなみに、厳密に言えば時間単価の対象は勤務時間だけではなく、通勤時間、朝の身支度に要する時間など、勤務に必要な時間も算入されます。このため、通勤時間などが長いと「勤務に要する時間」は長くなり、バイトの時給よりも安くなってしまうことも起きるのです。

## プライベートではエネルギーをチャージする

一方、プライベートの時間の使い方は、時間単価という考え方はなじみません。時間あたりの成果というよりも、**プライベートは次の活動のために、エネルギーをチャージする時間**と考えることが有益です。

例えば、平日が残業続きならば、とにかく土日は休んで気力・体力を回復することが先決かもしれません。十分な睡眠や食事をとり、音楽やＤＶＤ鑑賞でリラックスすることが、本人にとって大きなリターンになります。家族と一緒に過ごすことが最大のストレス解消で、それが次の平日を頑張る源になるという人もいるでしょう。

そこまで平日が忙しくなければ、土日に大好きな趣味を楽しんだり、自己啓発のために博物館や美術館に行ったりすることが、リターンにつながります。好きなことに没頭する、見聞を広めることは大きな満足につながります。

いずれの場合であっても、プライベートの時間は、次の活動を行うためのエネルギーをチャージする時間となるわけです。次の活動とは、仕事の場合もありますし、趣味のさらなる広がりや新たな体験かもしれません。

ただし、プライベートでは一点考えてほしいことがあります。それは、**「役所以外の情報を得る」、「新たな経験をする」など、仕事と家庭以外のことを意識的にインプットすることです。**長年、役所に勤めていると、どうしても視野が狭くなってしまいがちです。公務員に限ったことではないのですが、職場と家庭だけの往復では、発想が硬直化しがちですので積極的に外の風に当たるようにしてください。

## 時間の無駄遣いをしない

公私の時間の使い方について述べてきましたが、いずれの場合も、時間の無駄遣いをしないことがポイントです。冒頭にも述べたように、人に与えられた時間は、誰も等しく1日24時間ですから、**時間を浪費することは自分の人生を無駄にしてしまうこと**になってしまいます。

ちなみに、『死ぬ瞬間の5つの後悔』（ブロニー・ウェア著／新潮社）では、「自分に正直な人生を生きればよかった」、「働きすぎなければよかった」、「思い切って自分の気持ちを伝えればよかった」、「友人と連絡を取り続ければよかった」、「幸せをあきらめなければよかった」と紹介されています。今までの時間の使い方を整理し、公私ともに時間を充実させることで、実り多い人生にしていきたいものです。

# 2 いつも自分自身を身軽にしておく

## 承認欲求で相手の期待に応えてしまう

悩みや課題を抱え込んでしまうと、どうしても自分の思考や行動に影響が出てきて、精神的にもよくありません。このため、**常日頃から自分自身を身軽に整理しておくこと**を心掛けたいものです。

職場であれ、プライベートであれ、いきいきと活動するためにはストレスをなくすことが必要です。何か心配事を抱えていたり、心にわだかまりがあったりすると、とても自分が納得できる活動はできなくなりますから、十分な成果を残すこともできません。

職員の中には、必要以上に自分で課題を抱え込んでしまう人がいます。「課長から資料作成を頼まれた」、「係長から法改正について勉強しておくように言われた」などと、「あれもやらなくてはいけない、この宿題も残っている」と、いつも何かに追われているような人です。

しかし、こうした課題は本当に急いで処理する必要があるのでしょうか。課長からの資料は簡単な内容でよいかもしれませんし、法改正の勉強も後で対応すれば十分かもしれません。つまり、「やらなければならない」とはあくまで当人の思い込みであって、相手や第三者から見れば違うこともあるのです。

こうした思い込みは、本人のせっかちな性格が原因かもしれませんが、多くの場合は「上司の期待に応えたい」、「相手によく思われたい」との思いが根底にあります。つまり、**「自分を認めてもらいたい」との承認欲求があるので、相手の依頼を放っておけずに抱え込んでしまうのです。**この承認欲求を自覚していないと、無意識に相手の依頼に応えようと頑張ってしまい、結果として無理してしまうのです。

## 相手に流されない

このため、**まずは「本当に、これは今すべきことなのだろうか」と一度立ち止まって考**

**えること**が必要です。上司などに言われて、すぐに「やらなくてはいけない！」と条件反射で思うのでなく、まずは自分の中で「今やるべきこと」か「後でもよいこと」なのかを判断するのです。このように、一歩引いて物事を客観的に見られる癖がつけば、少なくとも思考停止に陥ることは避けられます。

また、**完璧主義にならないこと**も必要です。公務員にはまじめな性格の人が多いのですが、それと同時に完璧主義者も多くいます。例えば、人から依頼されても「後でいいや」と思って放置しておくと、「あいつに頼んでも、すぐにやってくれない」と言われてしまうことがあります。

完璧主義の人は、こうした批判に耐えられません。「後でよい」と判断できても、人の批判や指摘に耐えられないため、ついつい依頼されたことに着手してしまうのです。結局は、こうして課題を抱え込み、やはり自分を追い込んでしまうのです。

さらに、「あの人に頼めば、何でもやってくれる」のような便利屋になっている職員もいます。本人が断り切れない、または人がよくて何でも引き受けてしまうのです。それに対して、ストレスなく対応できるのなら問題ありません。しかし、内心では「どうしよう？」と困り果てているならば、何らかの対応が必要になってきます。

いずれの場合も、相手のペースに流されず、自分主体の環境をつくることが大事になってきます。そのためには、断る勇気も必要ですし、何か人から言われても**「人は人、自分は自分」、「他人の評価は気にしない」**など受け流す技術を身に付けることが求められます。

## 自分で自分を追い込まず、意識的に捨てることを心掛ける

自分で抱え込んでしまうのは、対人関係以外にもたくさんあります。家の用事、将来のための準備など、1つ1つ挙げていったらきりがありません。自分の手帳がスケジュールでびっしり入っていないと不安で仕方がない人がいます。空白だと自分が必要とされていないように思ってしまい、気になるのです。これも強迫観念の1つです。

しかし、これでは**自分で自分を意識的に追い込んでいる**ようなものです。そうした過密なスケジュールをこなすことが楽しみにつながるのであれば、何ら問題はありません。それがやりがいや手応えにつながっているからです。しかし、ストレスならば問題です。

自分が抱えているもの、もしくは抱えそうなものを意識的に捨ててみてください。案外、捨ててしまっても、何ら問題なかったことにきっと気付くと思います。

# 3 思考停止に陥らず、自分で考えて選択する

## 思考停止に陥ってしまうタイプ

**自分で物事を考えずに、思考停止になって他人の意見などに従うと、不幸な結果を招きやすくなります。**例えば、皆さんの職場で次のようなことはないでしょうか。

課長から、「住民へのサービス向上について検討してほしい。例えば、〇〇市が実施している、窓口での待ち時間を住民がスマホで把握できて、混雑を避けるシステムとか……」との指示があったとします。この時に、「窓口での待ち時間を住民がスマホで把握できるシステムを構築しなければならない」と受け取って、それを推し進めようとするようなタイプです。

先の課長の発言では、システムはあくまで一例にすぎず、目的は住民へのサービス向上にあるのですが、「課長が言ったから、システムを導入しなければならない」とするのは

早合点です。しかし、課長の発言の一部を切り取り、それを金科玉条にしてしまうのです。

思考停止は、先の事例でもわかるように、結果として課長の依頼に応えることにはならず、「システム導入ありき」の間違った方向へと進んでしまい、課長の真意とは異なる結果をもたらすことになります。なぜ、このような思考停止になってしまうのでしょうか。

その理由を探ってみたいと思います。

**第一に、権威に弱いこと**です。先の事例のように、「課長が言ったから」、「市長が発言した」など、自分より権威のある者の発言をそのまま受け入れて、それをそのまま下の者に命令するタイプです。皆さんの周りにも、上に弱く、下に強いタイプの職員はいないでしょうか。いわゆる虎の威を借る狐です。

ちなみに、上司からすると自分に従順なので、こうした部下は使いやすく、可愛がって派閥を形成することもあります。こうしたグループ内にいれば、メンバーである部下は居心地がよいかもしれませんが、その身を派閥に預けていますので、危険を抱えることにもなります。派閥同士の対立に敗れるようなことがあれば、その一派は冷遇されてしまいます。

**第二に、雰囲気に流されてしまうこと**です。マスコミの報道、人の噂、周囲の空気に飲まれてしまうのです。よく「みんながそう言っているから」と彼らは言います。テレビ番組のコメンテーターの発言を、まるで自分の意見のように話す人がいますが、そうしたタイプです。

古い話で恐縮ですが、戦前に多くのマスコミが戦争を主張したのは、その方が新聞や雑誌がよく売れたからと言われています。マスコミが不安を煽るのは、それが利益につながるからなのですが、思考停止の人はそれを真に受けてしまいます。マスコミに限らず、真の目的を隠して、人を巻き込もうとするのは怪しい情報商材の販売や著名人の発言などにも見られます。「なぜ、この人はそのように主張するのか」を考える冷静さが求められるのです。

**第三には、依存気質や面倒くさがりの人**です。これらのタイプは、もともと考えることが嫌いだったり、苦手だったりします。このため、すぐに人に頼ったり、安易な意見を選択したりします。

## 思考停止に伴う弊害

自分の頭で考えず、思考停止になって人の意見に従うのは危険です。そもそも自分で考えていないにもかかわらず、その意見に従った結果に納得できないと、その人のせいにしがちです。「○○さんが言ったから、正しいと思ったのに」などと不平を言いますが、その選択をしたのは自分なので、人を責めるのはおかしな話です。

冒頭の例で、課長の指示に従ってシステムを構築するとします。ただし、自分の本心としては費用対効果に疑問があったのですが、それを隠して、課長の指示だからと従いました。その後、部長にシステムの説明に行ったところ、「これはあまりに経費が高すぎる。もう一度、考え直せ」と指示が出れば、「自分は最初からそう思っていた」と鼻高々になるかもしれません。それならば、最初から課長に意見すべきであって、無駄な時間をかけずに済んだかもしれないのです。

自分の意見を述べても、もちろん結果として採用されないこともあります。しかし、課長や部長の説明を聞けば、「なるほど、課長や部長はそのように考えるのか」と新たな発見ができますので、その経験を次回に生かすことができます。

思考停止になって人の指示に従う、周囲に合わせるのは、ある意味では楽かもしれません。しかし、それによって無駄や無理が生じたり、結果として間違った方向に進んだりする可能性もあります。しかしながら、その結果を背負うのも結局は自分なのです。冷静に頭の中を整理して、**自分で考えて選択すれば、たとえ失敗したとしても、手応えややりがいを感じることができ、自分の成長にもつながる**のです。

# 4 批判するだけでは何も始まらない

## 「現状を招いた要因の一部は自分にもある」と考えてみる

上司と対立してしまう、同僚がミスを繰り返す、上層部は自分たちに都合のよいことばかりして部下のことを考えてくれない、彼氏（女）や配偶者が自分のことを理解してくれないなど、残念ながら私たちの身の回りには不都合なことがいくつも起きます。

こうした場合、往々にして「相手が悪い」、「自分は間違っていない」という「正しいか、間違っているか」という発想になりがちです。しかし、「どうしても苦手な人への対処法」でも述べたように、客観的な正義は存在しませんから、「相手が悪い」、「自分は間違っていない」も、結局は1つの意見に過ぎません。

では、こうした悪い状況に対して、どのように対処したらよいのでしょうか。何の手の施しようもない、とあきらめるしかないのでしょうか。または、自分の身の不幸を呪うしかないのでしょうか。

考えていただきたいのは、**「こうした不都合な状況が生じた要因の1つは、自分自身ではありませんか」**ということです。これは「あなたが悪い」と悪者扱いするという意味でなく、このような現状を招く種を、あなたも蒔いていた一人ではなかったか、考えてみてほしいのです。

例えば、同僚がミスを繰り返してしまい、その同僚と他の職員が対立関係になってしまったとします。この時に、ただその同僚が悪いと批判することは簡単ですが、このような状況に陥る前に何かできることはなかったでしょうか。

例えば、事務はペアで行うダブルチェック体制を係長に提案する、同僚が質問しやすいように職場のコミュニケーションを活発にする、ミスが発生しやすい事務処理体制を見直す、などいくつか考えられるはずです。これらを提案できたのではないでしょうか。

もちろん、様々な方法を講じてみても直らないならば、これは本人の能力の問題です。ただ、それならば「あいつが悪い」のような感情的にならず、会計年度任用職員を要求する、課長に定数増を依頼するなど、別な手段を講じていけばよいはずです。いずれにしても、ただ同僚のことを嘆くだけでは何も変わりません。

繰り返しますが、「冷え切った職場になってしまった原因は、あなたにある」とあなたを悪者にするのではありません。あくまで現状を招いた要因の一部は、あなたにもあるということです。あなたも現状を招いた種を蒔いていた一人だったということです。

男女関係にも言えます。例えば、彼氏（女）が他の異性と遊んでばかりいて、それをよく思っていない自分と言い争いになり、気まずい関係になってしまったとします。この時、「自分という存在がありながら、他の異性と遊ぶ相手が悪い」と思ってしまいがちです。しかし、そもそも「他の異性とはあまり遊んでほしくない。なぜなら……」と伝えていたでしょうか。

もし何も言わず不機嫌になっているのなら、相手はなぜ怒っているのか、そもそもわかりません。「相手がわかってくれない」と嘆く前に、きちんと思いを伝える必要があります。それをせずに以心伝心を期待するのは、さすがに無理です。

相手に意図を伝えて理解してくれればよいのですが、それができないのなら、次にはあなた自身が相手との関係を見直す段階になってきます。相手との関係を断つことも選択肢になってきます。

## 現状を変える方法

いずれの場合であっても、**①すぐに感情的にならない、②現状を招いた要因の一部は自分にもあることを自覚する、③複数の対応方法を考えて実行してみる、④関係を断つことを考える、**の順に整理して考えることが求められます。

**大事なことは、この不都合な現状をいかに変えるか**です。ひどい現状を嘆くことでも、自分自身のストレス解消をすることでもありません。そのためには、冷静になって対処方法を考えるしか、方法はないのです。

他人を批判することは簡単ですし、感情的にもスカッとします。先の同僚の例で言えば、それを肴にして他の同僚と酒でも飲めば、盛り上がりますし一体感も生まれてきます。テレビドラマのように、居酒屋で「明日、あいつに意見してやる！」などと息巻くことで、自分のストレスの解消にもつながるかもしれません。それはそれで1つのメリットなのかもしれません。

しかし、そのようなことを行っても、おそらく現状は変わりません。ただ批判だけをしていても、現状を変えることはできないのです。

# 5 ものの見方を変える

## 同じ事実でも解釈によってプラスにもマイナスにもなる

こんな話があります。

リーマン・ショックの直後に、ドイツの資産家が自殺したそうです。資産の大半を失う莫大な金額の損失を出して、負債額は６３００億円。しかし、調べてみると資産額はまだ８６００億円もあり、決して貧乏になったわけではなかったのです。

それでも彼が自殺したのは、莫大な損失に耐えられなかったからです。それまでの資産の水準が当然と思っていると、そのお金を失いたくないとの不安が強くなって、まだ十分な資産があるのに自ら命を絶ってしまいました。

また、次のような話もあります。

ある宿の経営者が、夕食後に客がなかなか席を立たないことに悩んでいたそうです。経営者としては、すぐに後片付けをして翌日の準備に取り掛かりたかったのです。しかし、ある人にこう言われたそうです。「宿の印象が悪ければ、すぐに食堂から無言で出ていきます。印象がよいから、食べ終わっても食卓から離れないのですよ」と。このことを聞いて経営者は、客が席を立たないことを喜ぶようになったそうです。

この2つの話は、**「ものの見方によって、人の感情や行動が変わる」**ことを教えてくれるわかりやすい例だと思います。

前者の話であれば、多くの人は「そんな馬鹿な」と考えるでしょう。資産と負債を相殺しても2300億円もあるのですから、十分遊んで暮らしていける金額です。しかし、当人にしてみれば、8600億円の資産が自分の基準であって、負債6300億円を抱えることが我慢できなかったというわけです。

後者も、「夕食後、客はなかなか席を立たない」という事実は変わらないのに、アドバイスをもらう前はイライラし、アドバイス後はニコニコしています。ものの見方を変えただけで、経営者の感情も行動も変わったわけです。

このように考えると、ものの見方を変えれば、その後の感情や行動を変えられることがわかります。言い換えれば、**同じ事実であっても、解釈によってプラスの感情や行動にすることもできるし、マイナスにすることもできる**のです。

このことを、意外に私たちは軽視していないでしょうか。例えば、何かにチャレンジして失敗してしまったとします。その時に、「ああ、もうダメだ。自分は終わりだ」と悲観して落ち込み、新たな行動ができなくなってしまう人がいます。

その一方で、「この方法はダメだとわかり、新たに1つ学ぶことができた。次回は、別の方法を試してみよう」と考える人もいます。エジソンが記者に「1万回も失敗したそうですが、苦労しましたね」と言われた時に、エジソンは、「失敗ではない。うまくいかない方法を1万通り発見しただけだ」と言ったのは有名な話です。両者の違いは歴然です。

## 言葉でその事実をどのように規定するか

日本には言霊という考え方があります。これは、声に出した言葉が、現実に対して何らかの影響を与えることで、よい言葉を発するとよいことが起こり、不吉な言葉を発すると不吉なことが起こることだそうです。言葉に宿ると信じられた霊的な力だそうですが、それが存在するかは正直わかりません。

ただ、言葉はその人のものの見方であると考えれば、言葉は解釈とも言えます。その人が「その事実をどのように規定しているか」を示すわけですから、**言葉の使い方には、もっと敏感であるべきなのかもしれません。**ものの見方を変えることで、その後の感情や行動にも大きな影響を与えます。

有名なヒンズー教の教えに「心が変われば、態度が変わる。態度が変われば、行動が変わる。行動が変われば、習慣が変わる。習慣が変われば、人格が変わる。人格が変われば、運命が変わる。運命が変われば、人生が変わる」というものがあります。野球で有名な松井秀喜氏が高校時代に野球部の監督から送られた言葉として有名ですが、野村克也氏も心打たれた言葉だと言っています。冒頭の心には意識、考え方などもありますが、ものの見方もその1つだと思います。

解釈によって自分を委縮させることもできれば、前へ進もうと勇気づけることもできるのです。どちらを選択するのかは、正に自分次第ですが、せっかくならば前向きになれる選択をしたいものです。

# 6

# 自分の価値観を再確認し、役所との関係を見直す

## 自分と役所のベクトル

30年も役所に勤めていると、自分自身の意識がずいぶん変わってきたことを実感します。新人職員の頃は、右も左もわかりませんでした。文書の書き方、住民への対応、役所での様々なルールなど、早く一人前になろうと考えていました。主任になると、後輩への指導も行うようになり、係長のサポートもしていくようになります。係長の時には、現場の第一線をまとめるリーダーとなり、いろいろな部下の話や愚痴を聞くことはもちろんのこと、厳しい住民からのクレームにも対応するなど、まとめ役になることが求められました。

管理職となると、議会での答弁など議員との接触が増えていきました。財政課長時代には、首長からのプレッシャーがあったり、他の課長へ厳しいことも言わざるを得なかった

りと、大変なこともありましたが、それなりに仕事の手応えも感じていました。そして、現在は部長となり、これまでとはまた違う立場になっています。何が言いたいかと言えば、その時その時によって役所に対する見方が変わってくるということです。

例えば、管理職になりたいと思ったきっかけは、よりダイナミックな仕事ができれば、手応えややりがいを感じることができると思ったからです。これは、確かに間違いではありませんでした。事業課の課長であれば、新規事業を考えたり、新たな制度を作ったりすることができるので、一般職員の時よりも面白かったのが正直な感想です。また、財政課長時代にも、いろいろなこともありましたが、それはそれで楽しかったと思っています。

しかし、このように様々な経験をしてくると、「今後はどうしようか」とふと考えてしまいます。ある意味では役所生活を十分楽しんできましたが、今後も役所で働き続けるのかと言えば、やや疑問に感じてしまうのです。

若い頃、営利でなく公益のために働きたいと思って役所を志望し、実際にそうした経験を数多くしてきました。そして、実際にやりがいもありました。言い方を変えれば、自分のベクトルと役所のベクトルが合っていたわけです。**公務員という職業が自分の価値観に合っていた**のです。しかし、最近ではズレを感じるようになってきました。役所でできることの限界や役所でのしがらみなどを見ると、「このままでよいのかな」と思ってしまうのです。

## 自分の価値観を確認する3つの方法

そんな時、自分の価値観を再確認する必要を感じました。自分は、どのようなことに価値を見つけていたのか、今後どのように生きていきたいのか、なぜ今も役所にいるのか、といったことをもう一度見つめ直すことが大事だと思ったのです。その時に有効だったものをいくつかご紹介したいと思います。

**第一に、コーチング**です。国際コーチ連盟によれば、「コーチングとは、クライアントが公私において充実した結果を生み出す助けとなるような、継続的なパートナー関係である。コーチングという過程を経て、クライアントは学びを深め、パフォーマンスを改善し、人生の質を向上することができる」と定義されています。

実際には、定期的にコーチングを受けるようにしました。コーチと話すことにより、気付きを得られるとともに、課題が明確になり、客観的に理解できるようになりました。

**第二に、マインドマップ**です。これは思考の表現方法で、頭の中で考えていることを書き出すことで、記憶の整理や発想をしやすくします。具体的には、中心となるキーワードなどを中央に置き、そこから放射状にキーワードやイメージを広げて、つなげていくものです。

例えば、充実した人生を中心に置き、そこから仕事、家庭、趣味などといくつかに区分し、さらに趣味であれば旅行、読書などと深めていくのです。このように書き出すことで、新たな発見があり、自分を再認識する上でとても有効でした。

**第三に、マンダラチャート**です。これは野球の大谷翔平選手が使ったことでも有名になりました。マンダラチャートは3×3の9マスの枠で構成されるフレームワークで、そのマス目1つ1つにアイデアを書き込むことで、アイデアの整理や拡大などを図り、思考を深めていくものです。これも実際に書き込むことで、自分は何を重視しているのか、どのようになりたいのかを明確にすることができます。

皆さんにお伝えしたいことは、**ご自身の価値観や方向性を確認して、自分と役所との関係を時折見つめ直してほしい**ということです。もちろん、ベクトルが同じならば問題ないのですが、もしズレが生じているならば、「今は家庭中心の生活にする」などと働き方を変えたり、「40歳になってから昇任しよう」と決断したりするなど、役所における自分のポジションを調整してみてください。

コラム

## 歴史は繰り返す

歴史は繰り返すと言います。これは、古代ローマの歴史家クルティウス・ルフスの言葉で、意味は、いつの時代も人間の本質に変わりないため、過去にあったことは、また後の時代にも繰り返して起きるということだそうです。

確かに、そう思います。初めての職場で、係長が昼休みにイビキをかいて眠っていたり、小さな字を読むために老眼鏡をかけたりしていました。当時は「自分もいつかはあのようになるのか」と眺めていました。しかし今では、昼休みに夢を見るまで深い眠りに入り、メガネの上に拡大鏡を重ねて部下の資料を読んでいます。

また、若い頃は、やたら議員の言動に敏感な課長を批判していましたが、今では部長の立場から、課長たちに「議員対応を間違えるな」と偉そうに話しています。主任だった時には、首長にイエスマンだった上司を軽蔑していましたが、管理職となった現在、首長の言動や行動を軽んじることは当然できなくなりました。

そうです、確かに歴史は繰り返すのです。かつての上司や先輩がやってきたことと同じような行動をしてしまうのです。幸か不幸か、上司や先輩の姿は、将来の皆さんの姿でもあるのです。さて、皆さんはそれを見て、何を考え、どう行動しますか。

## 著者紹介

**本山　毅**（もとやま・たけし）筆名

基礎自治体の管理職。福祉、保育、防災などの住民対応から、人事、議会、会計管理室などの内部管理部門まで幅広く経験。企画課長・財政課長などの主要ポストを経験しつつも、「自らは残業しない」「職員に残業させない」効率的な働き方を追求している。また、プライベートの充実のため、読書、執筆、研修講師などにも取り組む。

仕事もココロも楽になる！
**公務員の超整理術**

令和２年９月20日　第１刷発行

著　者　本山　毅

発行所　株式会社 ぎょうせい

〒136-8575　東京都江東区新木場１－18－11
電話　編集　03-6892-6508
営業　03-6892-6666
フリーコール　0120-953-431

〈検印省略〉　URL：https://gyosei.jp

印刷　ぎょうせいデジタル㈱

ISBN978-4-324-10870-3
(5108631-00-000)
〔略号：公務員超整理術〕